Astrid Ludwig

Einmal Gärtnern wie in *Sissinghurst*

Astrid Ludwig

Ein Blick
hinter die Kulissen
der berühmten
englischen
Gartenlegende

Einmal Gärtnern wie in *Sissinghurst*

INHALT

TAG EINS IN VITAS GARTEN-HIMMEL

WIE WIRD MAN EIGENTLICH GARDEN VOLUNTEER?

Ein lang gehegter Traum

Jetzt stehe ich hier und traue mich nicht. Hatte sie wirklich gesagt, dass ich so viel abschneiden soll? Oder hatte ich Claire Abery missverstanden? Zu Hause würde ich meinen Rosen niemals so radikal zu Leibe rücken. Mit Leiter und Schere habe ich mich behutsam durch das rund drei Meter tiefe Staudenbeet zu der zartduftenden Ramblerrose vorgearbeitet. Nun drehe und wende ich zweifelnd die Zweige, betrachte Blattansätze und verwelkte Blüten. Wenn ich die May Queen verstümmele, schicken sie mich bestimmt gleich wieder heim. Hobbygärtnerin aus Deutschland verschandelt britisches Nationalgut, werden sie denken.

Willkommen im Rosengarten von Sissinghurst Castle.

Ich frage doch besser noch einmal nach, bevor ich etwas falsch mache. Gärtnerin Claire lacht. „Schneide“, fordert sie mich auf, „wächst alles wieder nach.“ So locker geht das hier also? Das hätte ich nicht gedacht. Beruhigt kehre ich zur Maikönigin zurück und greife diesmal resolut zur Schere.

Die rosafarbene Kletterrose erklimmt die hohe Backsteinmauer am Turm von Sissinghurst, einem der berühmtesten Gärten Großbritanniens. In der Grafschaft Kent südlich von London gelegen, war der Garten der Schriftstellerin Vita Sackville-West und ihres Mannes Harold Nicolson immer der Favorit auf meiner Liste englischer Lieblingsgärten. Schon in den 1990er-Jahren war ich mehrfach dort – stets als Besucherin. Einmal im Leben gärtnern in Sissinghurst, einmal hinter die Kulissen schauen, als Freiwillige zusammen mit den Profigärtnern in so einem berühmten Anwesen arbeiten, das war ein langgehegter Traum. Ein Wunsch, der jetzt in Erfüllung geht. Mehrere Wochen bin ich als Garden Volunteer in England unterwegs.

E-Mail für dich

Ziemlich nervös habe ich am frühen Morgen meinen Leihwagen auf dem noch leeren Parkplatz vor dem Garteneingang geparkt. Heute ist mein erster Tag im Gartenhimmel. Ich bin mit Troy Smith verabredet, dem Head Gardener von Sissinghurst und neuen leuchtenden Stern der britischen Gärtnerszene. Er will mich seinem Team vorstellen und mir eine kurze Einweisung für die nächsten Tage geben.

Eigentlich war bisher alles viel leichter und einfacher gelaufen, als ich mir das vorgestellt hatte. Ich hatte eine E-Mail an den National Trust geschrieben, mich und meine Tätigkeit als Journalistin vorgestellt und meinen Wunsch vorgetragen, als freiwillige Gärtnerin in Sissinghurst zu arbeiten.

Heim und Garten des berühmten Paares gingen 1967 in die Hände des Trusts über. Der National Trust ist eine Art Treuhänder und Denkmalschutzorganisation, die in Großbritannien rund 200 bedeutsame

Der Haupteingang zum Garten.

Gärten, Schlösser und Herrenhäuser besitzt und verwaltet. Die Vielzahl historischer Anwesen zu betreuen, ist eine Aufgabe, die die Organisation ohne Freiwillige, die sich unentgeltlich engagieren, nicht bewältigen könnte. Mein Ansinnen wurde daher ohne große Umstände oder Bürokratie angenommen. Ich bekomme keinen Lohn oder Vergütung für meine Volunteer-Arbeit im Garten. Für die Unterkunft und alles Weitere muss ich ebenfalls selbst sorgen.

Schon nach wenigen Tagen mailt mir die Verwaltung von Sissinghurst Telefonnummer und E-Mail-Adresse von Troy Smith zu, mit dem ich Kontakt aufnehmen soll, was ich umgehend tue. Ein paar Mails wechseln hin und her und innerhalb weniger Tage ist – zu meinem eigenen Erstaunen – die Sache geritzt. Wir vereinbaren eine Zeit im Sommer, zu der ich kommen soll. Einmal im Leben gärtnern in Sissinghurst – das Abenteuer kann beginnen.

Der erste Tag

An einem Julitag drei Monate später schlendere ich das erste Mal in Sissinghurst nicht in Richtung Ticketschalter und Haupteingang, sondern suche den Nebeneingang für die Gärtner. Der liegt hinter einem Holztor unweit des Parkplatzes und des alten Farmhauses. Hier herrscht bereits geschäftiges Treiben, schließlich fängt der Arbeitstag für das Team schon um 7.30 Uhr an. Der Garten öffnet offiziell erst um 11 Uhr und diese freie Zeit ohne Besucher muss genutzt werden.

Welche Arbeit würde ich als Freiwillige in so einem berühmten Garten tun müssen oder vielmehr dürfen? Darüber hatte ich mir vor der Abreise viele Gedanken gemacht. Was trägt man als Volunteer, wo doch täglich hunderte oder tausende Besucher einem bei der schweißtreibenden Arbeit zusehen? Die alte Jeans und das ausrangierte T-Shirt, die zu Hause ihre Dienste leisten, schienen nicht angebracht. Stunden habe ich daher vor dem Koffer zugebracht, wo doch sonst das Packen eine schnelle Angelegenheit ist. Tagelang habe ich botanische Pflanzennamen und englische Fachausdrücke studiert, um mich vor den Profis nicht zu blamieren. Mit deutschen Staudennamen kommt man schließlich in England nicht weit.

Mein Sissinghurst-Outfit.

Am Geräteschuppen hängt eine Wand voll mit botanischen Namensschildchen.

Alles ganz easy

Mögliche Ängste lösen sich bei der Ankunft in Luft auf. Ich treffe Troy Smith in einem kleinen Raum neben dem großen Gewächshaus, den er als Büro nutzt. Er ist gerade Mitte 40, groß und sieht eher aus wie ein Italiener als ein Brite. Er begrüßt mich, als sei es vollkommen normal, dass jemand extra aus Deutschland anreist, um in seinem Garten zu arbeiten – aber er scheint sich auch über die Unterstützung zu freuen. Zehn Gärtnerinnen und Gärtner arbeiten zu dieser Zeit in Voll- und Teilzeit in Sissinghurst, das ist keine allzu üppige Personalausstattung für ein 24 000 Quadratmeter großes nationales und internationales Gartendenkmal, das täglich tausende Pflanzenfans und Pflanzenkenner mit Argusaugen durchstreifen, um vermutlich jegliche Veränderung oder vermeintliche Vernachlässigung sogleich zu kommentieren.

Der Head Gardener Troy Smith.

Troy ist freundlich und unkompliziert wie auch die übrigen Gärtnerinnen und Gärtner des Teams. Alle helfen und sind darauf bedacht, dass ich mich zurechtfinde. Man nennt sich beim Vornamen. Schon nach wenigen Stunden fühle ich mich als Teil des Teams. Keiner will botanische Namen wissen und kein kritischer Blick streift das gewählte Arbeitsoutfit – Jeans und ein ganz ordentliches T-Shirt.

Kein Profidünkel weit und breit, mir fällt ein Stein vom Herzen.

Doch noch bevor ich erleichtert und voller Enthusiasmus losziehen darf, muss an diesem ersten Tag als Volunteer doch ein bisschen Theorie erledigt werden. Troy Smith gibt mir eine Art Gesundheits- und Sicherheitseinweisung, erklärt, wie man sich im Garten zu verhalten hat und dass der Trust keine Haftung übernimmt. Zudem notiere ich die Adresse meiner Angehörigen, die in einem Notfall zu benachrichtigen wären. Das scheint das übliche Prozedere zu sein, die Organisation hat schließlich tausende Volunteers landesweit.

Gärtnerin Claire Abery verteilt erste Aufgaben an mich im Garten.

Troy teilt mich seiner Kollegin Claire Abery zu. Er selbst hat neben den gärtnerischen auch jede Menge administrative Aufgaben, Termine und Besprechungen zu bewältigen, die ihn auf Trab halten. Die schlanke rothaarige Gärtnerin aus dem Norden Englands soll sich daher in der Anfangszeit um mich kümmern, mir alles zeigen und Arbeiten für den Tag zuweisen.

Auch wenn Volunteers freundlich aufgenommen werden, eine Todsünde – das lerne ich gleich in den ersten Stunden – dürfen sie auf keinen Fall begehen: die persönlichen Werkzeuge und Geräte der Profigärtner benutzen. Die hängen in dem geräumigen Geräteschuppen unweit der Gewächshäuser der Pflanzschule und sind absolut tabu. Jeder im Team hat seine eigene spezielle Schere, Harke, den eigenen Spaten, Handspaten oder eigene Handschuhe und Regenkleider, die nur er oder sie verwendet. Und jedes einzelne Stück ist mit den Farben der jeweiligen Gärtnerinnen und Gärtner gekennzeichnet. Sich einfach daran zu bedienen, wird äußerst ungern gesehen.

Gleich vorne links gibt es stattdessen eine Ecke in dem Holzhäuschen mit Geräten für die Volunteers. Die sind naturgemäß in einem weniger peniblen Zustand als das Werkzeug der Festangestellten, aber funktionstüchtig und zum großen Teil – das muss ich gestehen – noch immer von besserer Qualität als meine eigenen Gartengeräte daheim. Nach England mitgebracht habe ich lediglich eigene Regenkleidung und Handschuhe. Mit Leihschere, Harke und Korb ausgerüstet, ziehe ich in Claires Schlepptau endlich los in Richtung Gartenglück.

Ruinen und Romantik

Wie alles in Sissinghurst begann und durch den Krieg schwieriger wurde

Der ungewöhnliche Garten eines ungewöhnlichen Paares

Der Rosengarten beginnt gleich hinter dem runden, dunklen Holztor in der Backsteinmauer, die die Pflanzschule vom Rest der Anlage trennt. Der Rosengarten war ursprünglich wegen seiner Nähe zum Haupthaus der Küchengarten und unter den ersten Bereichen, die neu entstanden, als Vita Sackville-West und ihr Mann Harold Nicolson begannen, Heim und Garten südöstlich von London zu restaurieren und anzulegen.

Vita kaufte Sissinghurst 1930, nachdem sie mit Harold einige Jahre im Ausland verbracht hatte, wo er unter anderem in Konstantinopel und Persien im diplomatischen Dienst beschäftigt war. Als sie zu Beginn des Ersten Weltkrieges 1914 nach England zurückkehrten und ihre Söhne Ben und Nigel geboren wurden, erwarben sie zunächst Long Barn, ein Anwesen unweit Vitas Familiensitz Knole House in Kent. In dem riesigen Schloss, dem größten privaten Landsitz in England, war sie 1892 als Victoria Mary Sackville-West zur Welt gekommen – als einzige Tochter von Lord und Lady Sackville, die eigentlich ein Sohn hätte sein sollen.

Vita und Harold auf den Stufen des Turms.

Als der Vater 1928 starb, ging Vitas geliebtes Knole House daher nicht an sie, sondern an einen Onkel. Es galt die männliche Erbfolge und Vita ging leer aus. Ein Verlust, an dem sie schwer trug – bis sie Sissinghurst entdeckte.

Heimkehr

Claire bleibt vor einem der hinteren Beete im Rosengarten stehen. Für den Anfang soll ich die verwelkten Blüten der Lichtnelke und die Kugeln des verblühten *Allium* abschneiden. Danach werde sie zurückkommen und mir weitere Aufgaben zuweisen, sagt sie noch und hastet davon. Ein paar Vögel zwitschern. Plötzlich bin ich allein, stehe mitten in Vitas Reich und kann es irgendwie noch nicht fassen. Es ist Juli und der Rosengarten steht in voller Pracht. Wie Wellen in einer aufgewühlten See türmen sich die rosafarbenen, weißen oder karmesinroten Blüten der Rosenbüsche empor, umrahmt von Lavendelrispen, Lilien und den magentafarbenen Köpfen des Storchschnabels *Geranium psilostemon*. Im Hintergrund schaukeln die langen Wedel des riesigen Federgrases sanft im Morgenwind. Eine unglaubliche Fülle, die das Auge mit Details überschwemmt.

Es war der 4. April 1930, als Vita mit ihrem Mann und einer Freundin erstmals das Gelände betrat. Inmitten der heutigen Schönheit ist es kaum vorstellbar, dass Schloss und Garten damals nicht mehr waren als ein unwirtlicher schlammiger Acker mit Ruinen. Eine Ansammlung versprengter Gebäude und Cottages aus Elisabethanischer Zeit, zugestellt mit Schrott und Müll, überwuchert mit Winden und Zwergholunder. Doch die Dichterin und Schriftstellerin sah den Turm und das Gelände, „und was daraus zu machen war".

„Mein Herz und meine Phantasie entflammten auf den ersten Blick. Es war das Schloss von Dornröschen."

Vita Sackville-West

Sie war „von Liebe überwältigt“, notierte sie in ihr Tagebuch – wohl auch, weil der Ort alte Familienbande aufleben ließ. Sissinghurst hatte im 16. Jahrhundert Sir John Baker gehört, dessen Tochter Cecily Sir Thomas Sackville ehelichte. Es war also eine Art Rückkehr zu einem vergessenen Familiensitz. Nach mehreren Besuchen und Diskussionen mit Harold kaufte Vita für 12 000 Pfund das heruntergekommene Anwesen, auf dem es, neben vielen anderen Unwägbarkeiten, noch nicht einmal Strom und fließendes Wasser gab. Eine Summe in ähnlicher Höhe steckten sie später in die Sanierung der Gebäude und die Anlage des Gartens.

Üppiger Überschwang und strenge Symmetrie

Die erste Pflanze, die Vita schon wenige Tage später setzte, war ein Lavendelbusch. Der passte gut zu der alte Gallicarose, die sie zwischen den Mauerruinen entdeckt hatte. Der Rose, ihrem neuen Heim und Garten widmete die Dichterin gleich nach dem Kauf ein Gedicht. Sie nannte es Sissinghurst:

Die großen welken Kugeln des *Allium* im hinteren Rosengarten müssen entfernt werden.

„Eine müde Schwimmerin
im Meer der Einsamkeit,
lass ich die Wellen
über mir zusammenschlagen:
Sink durch Jahrhunderte
in eine andre Zeit
und find Schloss und Rose,
die dort begraben lagen.“

Vita Sackville-West

Das Paar liebte Gärten. Schon nahe Konstantinopel, dem heutigen Istanbul, hatten sie während Harolds Diplomatenzeit ihren ersten eigenen Garten angelegt. Vita begeisterte sich für Rosen oder auch Madonnenlilien. Ihr Blumengeschmack war geprägt von der altmeisterlichen holländischen Blumenmalerei und den seltenen Pflanzen, die sie auf ihren weiten exotischen Reisen mit Harold gesehen hatte. Beide ergänzten sich bei der Gestaltung von Sissinghurst drei Jahrzehnte lang perfekt. Sie, die Schriftstellerin und Künstlerin, beeinflusst vom Gartenstil einer Gertrude Jekyll, liebte den Eindruck von Überschwang, der jedoch dezent sein musste, keineswegs schwülstig oder kitschig. Harold, der Parlamentsabgeordnete, Kritiker und Diplomat, hatte ein Auge für Blickachsen, Fernsichten und einen Sinn für Symmetrie.

Gemeinsam schufen sie in Sissinghurst eine geniale gärtnerische Mischung aus formaler Strenge und romantischer Üppigkeit, eine überbordende Blüten- und Pflanzenpracht, eingeteilt in Farbskalen und Gartenräume, 24 000 Quadratmeter ummantelt von Wasserachsen und architektonisch geschnittenen, immergrünen Hecken. Eine Sensation damals wie heute und seit Jahrzehnten das Mekka von Gartenenthusiasten weltweit.

Von der Aussichtsterrasse des Turmes sind die verschiedenen Gartenzimmer gut zu erkennen: vorne der Rosengarten, hinten der Cottage Garden.

Wohn- und Esszimmer im Grünen

Dabei lag es nicht in der Absicht des Paares, ein Denkmal oder eine Legende für die Nachwelt anzulegen. Sie wollten einfach einen Garten für sich und ihre Freunde schaffen, der ihnen gefiel und wo sie sich wohlfühlten. Die Gartenräume waren ihre Wohnräume unter freiem Himmel. Sie wurden zu Zimmern im Freien, weil sie die einzelnen Häuser, die die Familie nutzte, und den Turm miteinander verbanden. Das South Cottage, das südliche Häuschen mit seinem Bauerngarten, diente Harold als Wohnzimmer und beherbergte die elterlichen Schlafzimmer, die Bibliothek im oberen Hof war Lesezimmer. Der Turm wandelte sich zum Schreibrefugium von Vita, die damals schon eine bekannte Schriftstellerin war. Das Priest House, das Pfarrhaus, mit dem später angelegten Weißen Garten, war die Unterkunft der beiden Söhne und zugleich Speisezimmer – drinnen wie draußen. Haus und Garten waren für ihre Bewohner eins.

Das Cottage im Bauerngarten. Hier waren das Wohnzimmer von Harold und die Schlafzimmer des Paares untergebracht.

Ein Garten für den Mondschein und den Sonnenuntergang

Claire ist mit weiteren Aufgaben zurückgekehrt. An ihrem Arm baumelt einer dieser flachen englischen Körbchen aus hellem dünnem Holz, in dem selbst Gartenschere und abgeschnittene alte Blüten noch äußerst dekorativ aussehen – nicht diese hässlichen Plastikteile, die unsereins im Gartenschuppen für Unkraut und Verblühtes stehen hat. Sie begutachtet mein Werk, nickt und bedeutet mir, ihr in den Cottage Garden zu folgen. Dort stehen Ginster und Taglilien zu hunderten in Blüte. Die verwelkten Kelche der *Hemerocallis*, die so schnell matschig aussehen, müssen entfernt werden, bevor das kritische Auge der Besucher sie an diesem Tag streifen könnte.

Der Weiße Garten und das Pfarrhaus, wo die Schlafzimmer der Söhne und der Essbereich der Familie lagen.

Der Bauerngarten am South Cottage war Harolds Lieblingsbereich und die Pflanzen dort tragen seine Lieblingsfarben Rot, Gelb, Orange. Die Nutzung der einzelnen Häuser inspirierte Vita bei der Farbgebung und Auswahl der Pflanzen. In einer ihrer Gartenkolumnen, die sie 25 Jahre lang für die Zeitung *Observer* schrieb, philosophierte sie 1955 über die glühenden Farben am South Cottage. Sie nannte den Ort „ihren Sonnenuntergangsgarten", bewusst so angelegt, weil hier ihre Schlafzimmer untergebracht waren und die Tage und Abende für sie und Harold – wenn er in Kent und nicht beruflich in London war – stets in diesem privatesten aller Gartenzimmer ausklangen.

Auch die Idee für den legendären Weißen Garten, soll so entstanden sein. Zu jeder Jahreszeit und Witterung mussten Vita und Harold schließlich am Abend ihren Weg vom Esszimmer im Pfarrhaus zu den Schlafräumen im südlichen Häuschen nehmen. Vita ließ oftmals Kerzen im Garten anzünden, dennoch war es größtenteils finster. Graue Blätter oder weiße Blüten schimmern und leuchten im Dunkeln und im Mondschein jedoch bekanntlich besonders hell.

Wechselhafte Zeiten

Sissinghurst ist eine der meist besuchten Gartenanlagen Englands. Schon im Juni 1938 öffneten Vita und Harold ihr Anwesen für die Öffentlichkeit. 1959 kamen bereits 6 000 Besucher im Jahr. In den darauffolgenden Jahren nahm der Strom an Garteninteressierten stetig zu: 1966 waren es 28 000 Besucher und nur ein Jahr später explodierte ihre Zahl auf 47 000. Der Höhepunkt lag in den 1990er-Jahren mit rund 200 000 jährlichen Gästen. Heute kommen pro Jahr rund 160 000 Pflanzenfreunde aus aller Welt.

„Es ist eine echte Erfahrung, seinen Garten für das Publikum zu öffnen. Es ist ein Vergnügen, ja, man fühlt sich geschmeichelt. Man teilt seine persönliche Freude."

Vita Sackville-West

Den Oberen Hofgarten betreten Besucher als erstes, wenn sie nach Sissinghurst kommen.

Eine seiner wohl schwierigsten Zeiten durchlebte Sissinghurst – wie so viele glanzvolle Gärten in England – während des Zweiten Weltkrieges, als die Gärtner und auch Vitas Söhne zum Militärdienst eingezogen wurden. Zwar war Jack Vass im Oktober 1939, kurz nach Kriegsbeginn, noch als erster Head Gardener in Sissinghurst eingestellt worden, doch er ging zwei Jahre später zur Royal Air Force. Es wurde schwer, eine so große, pflegeintensive Anlage zu unterhalten – zumal die Angst vor deutschen Bombenangriffen im Süden Englands immer präsent war. Der Garten litt ebenso wie die Menschen.

Vitas Tauben

Dazu gibt es eine Geschichte, die Vita gern erzählte und die sich kurz vor Kriegsbeginn im August oder September 1939 zugetragen haben soll. Im Garten gab es neben einer Voliere für Wellensittiche damals auch Tauben. Vita hielt mehr als hundert dieser weißen Vögel, die rund um ihren Turm nisteten, den lieben langen Tag gurrten und von ihr persönlich mit Körnern gefüttert wurden. Als der Krieg näher rückte, machte sie sich auch Gedanken darüber, wie sie die Tiere weiter mit Futter versorgen sollte. „Und dann geschah etwas ganz Außergewöhnliches: Sie verschwanden alle. Es war, als hätten sie es gewusst.“ So schreibt sie in ihren Aufzeichnungen. Die Taube, das Symbol des Friedens, fliegt bei Kriegsbeginn davon. Vermutlich kann so etwas nur einer Schriftstellerin passieren.

Nach fünf schweren Kriegsjahren hielt Harold Nicolson den lang ersehnten Tag der deutschen Kapitulation in einem Brief an seinen Sohn Nigel fest. Am 12. Mai 1945 hatten er und Nigels Bruder Ben im Garten gesessen und die erlösende Nachricht im Radio gehört. „Mit großer Würde erhoben sich Ben und ich von unseren Sitzen und gingen durch den Garten, um Mama zu suchen. Sie war damit beschäftigt, die Akeleien an der Mauer zu befestigen. Feierlich stiegen wir die Turmtreppen hinauf und traten an die brüchige Brustwehr. Wir banden die Flagge an die Taue. Wir hissten sie. Und dort flattert sie nach fünf traurigen Jahren in Frühlingswind.“

Eine Rückkehr & ein Rauswurf

Vita mit Korb und Harke im Garten.

Im Sommer 1945 mähten italienische Kriegsgefangene den Rasen von Sissinghurst. Nur allmählich kam Vitas früheres Personal zurück. Mit der Rückkehr von Gartenmeister Jack Vass hatte sie vermutlich nicht mehr gerechnet. Er hatte länger als vermisst gegolten. Mit seinem Flugzeug war Vass über Südfrankreich abgeschossen worden und hatte sich allein durch das besetzte Frankreich zurück nach England gerettet. Mit seiner Ankunft 1946 lebte Sissinghurst neu auf.

Vita wollte den vernachlässigten Garten endlich wieder auf Vordermann bringen. Sie pflanzte Blütenpflanzen statt Gemüse, das die Familie während der Kriegsjahre in Sissinghurst vermehrt gezogen hatte. Überschwänglich schrieb sie in ihr Tagebuch: „Ach, lieber Gott, bitte lass Vass kräftig und gesund bleiben, wenigstens bis er achtzig ist, und führe ihn nie durch den Garten eines anderen in Versuchung.“ Obwohl er ihr manchmal zu ordentlich war, lobte sie seine Arbeit sehr. Sein Eifer sei grenzenlos und keine Arbeit sei ihm zu viel. Er habe einen „instinktiven guten Geschmack“. Ein Enthusiasmus, der 1957 jäh endet, als Vita von einer Reise zurückkam. Es gab Streit zwischen ihr, ihm und den Pächtern. Nach fast 20 Jahren in ihren Diensten warf sie Vass raus – weil er angeblich Kommunist war. Danach leitete zwei Jahre lang Ronald Platt den Garten.

Königlicher Besuch

So turbulente Zeiten hat Gärtnerin Claire zum Glück nicht erlebt. Seit einer Stunde arbeiten wir uns systematisch durch die Massen an hüfthohen, leuchtend gelben und tiefroten Taglilien-Pflanzungen im Bauerngarten. Von hier hat man einen freien Blick auf den Turm des Schlosses, wo Vita im ersten Stock ihre Bücher schrieb. Die rothaarige Gärtnerin ist von der Biografie der Schriftstellerin und der Geschichte des Gartens fasziniert – einer der Gründe, warum sie vor über 15 Jahren nach Sissinghurst kam, erzählt sie und zupft energisch an den Blüten. Vermutlich wäre Claire gerne dabei gewesen, als die Witwe des Königs zum Dinner erschien und 1953 sogar die junge Regentin des Empire, Queen Elisabeth, zu Gast war.

Claire zupft die verblühten Blüten der Taglilien im Bauerngarten zurecht.

Harold Nicolson, der nach dem Krieg seinen Sitz als konservativer Parlamentsabgeordneter verloren hatte, wurde 1952 zum *Knight Commander of the Royal Victorian Order* erhoben und durfte sich nun Sir nennen. Eine Ehrung, die Vita und er allerdings langweilig fanden, weil sie auf den Stand eines Peers gehofft hatten. Diese Stellung wäre mit der Anrede Lord und dem ersehnten Sitz im Oberhaus verbunden gewesen. Ihren neuen Titel Lady Nicolson konnte Vita dagegen nicht ausstehen, niemand durfte sie so anreden. Überhaupt war sie nicht glücklich damit, Mrs. Harold Nicolson zu heißen. Sie wollte Mrs. Sackville-West sein.

Vita war eine Landadelige von aristokratischer Schönheit, die als geistreich, charmant, temperamentvoll, aber auch als standesbewusst, snobistisch und zuweilen herrisch beschrieben wird. Ich stelle mir daher jetzt vor, wie sie nach dieser unerquicklichen Sache mit dem Ritterstand mit ihrem geliebten Hund in den Garten ging, eine ihrer Zigaretten rauchte und zornig verblühte Rosen oder Taglilien schnitt und zupfte, bis die Laune wieder stieg.

EINE STAUDE NAMENS MITTWOCH

Vom Alltag in einem nicht alltäglichen Garten

Vita liebte Rosen, sie sind eines der zentralen Elemente in Sissinghurst.

Tee im Staff-Room

Mit Leiter und Schere bin ich an eine der Backsteinmauern mit Blick auf den Turm umgezogen. Die braun gewordenen Blüten der Kletterrosen sollen entfernt werden. Doch die Königin der Blumen rächt sich für den Rückschnitt. Ihre Dornen hinterlassen eine Spur der Verwüstung auf meiner Kleidung und blutige Spuren an den Handgelenken. Zu allem Überfluss gibt sich auch das Wetter nach tagelanger untypischer Hitze urplötzlich ganz britisch. Es beginnt zu regnen – obwohl das Wort Regen es nicht ganz trifft. Es schüttet, sprüht und spritzt vielmehr vom Himmel. Das Wasser läuft in den Kragen und in die Ärmel der Gummijacke, meine Handschuhe fühlen sich an wie vollgesogene Schwämme. Ein Tag, der zumindest meteorologisch alle Vorstellungen erfüllt, die ich mir vorab vom Gärtneralltag auf der Insel gemacht hatte.

Zu Hause hätte ich das eigene Grün bei solch einem Mistwetter garantiert nicht betreten, aber ich harre aus. Schließlich will ich in den ersten Tagen nicht gleich als Weichei verschrien sein, das sich ins Trockene flüchtet, sobald das Wetter richtig englisch wird. Aber insgeheim freue ich mich doch über die Frühstückspause, zu der mich Claire in den Staff-Room ruft.

Um Punkt 10 Uhr und dann erneut um 13 Uhr lassen alle Hacke und Schere fallen und streben in die Sozialräume, die im historischen Stallgebäude auf dem Gelände der Pflanzschule untergebracht sind. Hier werden Suppen erwärmt, Sandwiches und Tupperdosen ausgepackt, die die Gärtner von daheim mitgebracht haben. Essen zu holen in dem schönen, aber teuren Restaurant neben dem Gartenshop am Eingang, ist zu kostspielig. Für die nächsten Tage weiß ich das nun. Bis dahin werden Tee, Kekse und auch die Kuchenspende einer älteren Dame aus dem Ort freimütig mit mir geteilt.

Wir sitzen an einem großen Tisch im Aufenthaltsraum, an dem ich mich noch etwas schüchtern zu Peter Fifield, einem der Gärtner, geselle. Den ganzen Tag Englisch zu sprechen ist am Anfang ziemlich anstrengend, zumal wenn es um Smalltalk beim Tee geht. Doch alle sind ganz locker, plaudern als gehörte ich selbstverständlich dazu. Dabei sind Voltunteers aus dem Ausland, die auch noch länger bleiben, die große Ausnahme. Und die freiwilligen Helfer aus der Umgebung von Sissinghurst, die jede Woche regelmäßig kommen, verbringen ihre Pausen nur selten im Staff-Room.

Peter Fifield auf dem Weg zur Teepause.

Irgendwas mit Wednesday

Überall auf den Regalen und Ablageflächen liegen Bücher über Sissinghurst, stehen Gartenlexika und die Werke, die Vita Sackville-West verfasst hat. An den Wänden hängen botanische Pflanzenbilder und Aquarelle vom Turm. Alles hier ist Sissinghurst – sogar bis zur Klotür. Selbst an der Damen- und Herrentoilette prangen die Porträts von Vita und Harold.

Head Gardener Troy kommt auf eine schnelle Tasse Tee vorbei, in der Hand hält er den Ausdruck einer E-Mail, die ihm eine ältere Frau geschickt hat, nachdem sie den Garten besichtigt hatte. Sie will von ihm den Namen einer Staude wissen, die ihr sehr gefiel, die sie sich aber leider nicht notiert hat. Die Pflanze war panaschiert, buschig und der Name war „irgendwas mit Wednesday“, liest Troy vor. Da ist selbst der Stargärtner überfragt. Er lacht, aber nimmt den Brief doch ernst. Solche Mails kommen regelmäßig. Das Team verdreht die Augen, erhält aber dennoch unausweichlich den Auftrag, nach der Staude namens Mittwoch zu suchen, damit er der Dame antworten kann.

Der Ruf der Geschichte

Zehn Frauen und Männer, alle ausgebildete Gärtnerinnen und Gärtner, sind zu dieser Zeit in Voll- und Teilzeit im Team beschäftigt – viele von ihnen schon seit Jahren. „Es ist etwas Besonderes, hier zu arbeiten“, sagt Claire, meine Volunteer-Betreuerin. Sie kommt aus Yorkshire, war zuvor in diversen anderen Gärten, doch die Berühmtheit und Schönheit von Sissinghurst lockte sie nach Kent. Wie Troy wohnt sie mit ihrer Familie direkt auf dem Gelände von Sissinghurst, in einem der Häuser, die Vita Sackville-West für ihre Gärtner errichten ließ. Sie ist auch für die Sicherheit der Anlage verantwortlich. „Es ist schön, dem Garten so nah zu sein“, findet Claire, „aber es hat auch Nachteile“, gibt sie zu. Denn manchmal mag sich der Feierabend nicht so richtig einstellen.

Ihre Kollegin Emma Grigg ist noch nicht so lange dabei. Sie ist stets in einem der Gewächshäuser oder auf dem Freigelände der Pflanzschule anzutreffen und für die Anzucht der Pflanzen zuständig, die unter Glas und in den hölzernen Kisten unter freiem Himmel wachsen. Gerade bedeckt ein Meer aus tiefrot blühenden Geranien, vermutlich die wunderbare 'Lord Bute', einen der großen, bewässerbaren Pflanztische im Glashaus. Rund 30 000 Stauden, ein- und mehrjährige aus Samen und Stecklingen, zieht sie im Jahr für den Garten und den Verkauf im eigenen Plant-Shop von Sissinghurst heran. Da bleibt am Tag kaum Zeit für längere Pausen.

Azubi Jon Fenton hilft ihr dabei. Er wässert die empfindlichen Jungpflanzen vorsichtig von Hand mit einer Gießkanne. Drei Jahre geht er beim National Trust in die Lehre und darf sich anschließend Heritage-Gardener nennen, was sich ungefähr mit „Kulturerbe-Gärtner" übersetzen lässt. Er liebt die Arbeit an der frischen Luft, erzählt er. Der junge Mann, Anfang 20, hat seine Kindheit unweit von Sissinghurst verbracht, gibt aber freimütig zu, dass er eigentlich nie den Garten besucht hat, bevor er sich hier um die Stelle als Gartenlehrling bewarb. Vermutlich wird er das im Bewerbungsgespräch nicht ganz so dargestellt haben.

Geranie 'Lord Bute'

Die Pflanzschule und die Gewächshäuser von Sissinghurst.

Bis 11 Uhr ist der Garten noch geschlossen,
die Gartenräume sind leer.

Die Ruhe vor dem Ansturm

Ich beende zeitig die Frühstückspause und verlasse den Aufenthaltsraum. Morgens, bevor ab 11 Uhr die Besucher strömen, ist der Garten am schönsten, friedlichsten, fast irgendwie privat. Diese Zeit ist nicht nur für die Profigärtner kostbar, weil sie dann noch ungestört arbeiten können. Auch ich genieße den Spaziergang allein durch die Gartenzimmer. So kann ich mir einbilden, ich hätte den Rosengarten mit seinen lauschigen nach Lilien duftenden Sitzplätzen ganz für mich allein.

Die geschwungene Lutyens-Bank vor der halbrunden mit Clematis bewachsenen Powys-Mauer wird schnell zu meinem Lieblingsort.

Mein Lieblingsplatz: Die Lutyens-Bank vor der geschwungenen Powys-Mauer.

Benannt ist sie nach dem Gartenarchitekt Albert Reginald Powys, den Vita Anfang der 30er-Jahre nach dem Kauf von Sissinghurst anstellte. Und mit dem berühmten Namensgeber der Bank, auf der ich gerade sitze, Sir Edwin Lutyens, waren die Hausherren ebenfalls befreundet.

Wen Vita alles kannte! Sogar Winston Churchill gehörte zu ihrem Freundeskreis. Englands berühmter Premier, der auch Literaturnobelpreisträger wurde, unternahm mit ihr Spaziergänge, sie parlierten über Bücher und Politik. Churchill, sagte Vita einmal zu Harold, sei der einzige Mann, mit dem sie durchbrennen würde.

Ich blicke auf das akkurat geschnittene Eibenrondell vor mir und durchforste meinen eigenen lieben Freundeskreis. Nobelpreisträger oder Staatenlenker sind nicht darunter. Sind vermutlich auch ziemlich anstrengend, solche Leute.

In den frühen Jahren der Gartenöffnung hätte man Vita und Harold vielleicht sogar persönlich erleben können. Denn zu dieser Zeit standen sie auch manchmal im Durchgang am Turm und beantworteten Fragen der Shillings. So nannten sie die Besucher, weil sie einen Shilling Eintritt zahlen mussten (heute ist es eine zweistellige Summe in Pfund). 1954 brachten die Gäste auf diese Weise immerhin bereits 1 394 Pfund in die Kasse, damals viel Geld, das in den Unterhalt von Garten und Haus investiert wurde.

Das Paar grenzte sich nicht ab und hatte offenbar nicht das Bedürfnis, Distanz oder Abstand zu halten. Es gab keinen Bereich im Garten, der für Besucher gesperrt war und den nur sie privat nutzten. Victoria Glendinning, Vitas Biografin, hält fest, dass diese Freizügigkeit so manchen Freund, der zu Besuch bei den Nicolsons war und auf ein ruhiges Plätzchen für die Lektüre hoffte, „aus der Fassung brachte, weil es unmöglich war, allein zu sein“. Vita schien das nicht zu stören. Noch 1959 schrieb sie an eine Freundin in New York:

„Während des ganzen Sommers ist Sissinghurst eine einzige lange Gartenparty.*“*

Vita Sackville-West

Auf Partys in London ließ sie sich dagegen schon lange nicht mehr blicken. Der Garten und Sissinghurst genügten ihr. Vita mied in späten Jahren, wenn möglich, die Stadt und gesellschaftliche Anlässe. In ihrem Schrank hing nur ein einziges Abendkleid.

Ganz ungestört streife ich erneut durch den gelb und rot glühenden Cottage Garden, in dem wir die Taglilien zurechtgezupft haben. Königskerze, Mädchenauge, Dahlien und Chrysanthemen protzen geradezu mit ihren Blüten. Ich setze mich auf den Teakstuhl vor dem South Cottage, der angeblich Harald Nicolsons Lieblingsplatz war. Aber ist das erlaubt? Oder gilt wie im Museum: nur schauen, nicht anfassen? Ich muss Claire fragen.

Harolds Lieblingsstuhl im Cottage Garden.

In dieser stillen Stunde ist nur der Glockenschlag der alten Uhr zu hören und das Flattern der Familienflagge der Sackville-Wests ganz oben auf dem hohen Backsteinturm in der Mitte des Anwesens.

Von mir aus könnte der Garten heute geschlossen bleiben, denke ich ganz egoistisch. Sogar der Regen hat aufgehört und die Sonne lugt wieder zwischen den Wolken hervor. Meine Glücksgefühle über die Schönheit und Ruhe an diesem Morgen teile ich nur ungern mit den für heute erwarteten 2 000 Besuchern.

ROSA TURM UND ROTE ROSEN

Die Schriftstellerin, ihr Allerheiligstes und turbulente Liebesbeziehungen

Eine Welt aus Büchern und Blumen

Ist die Fahne gehisst, hat der Turm geöffnet. Ich steige die 20 Stufen zu Vitas Turmzimmer im ersten Stock empor, bevor der Ansturm der Touristen einsetzt. Wie mag das Leben im Garten zu ihren Lebzeiten ausgesehen haben? Ich habe die hochgewachsene, schlanke Hausherrin und Dichterin vor Augen, die fast nur noch in Kammgarnhosen und Stiefeln ihren Landsitz abschritt. In dreckiger Gartenkleidung schaue ich durch das Gitter, das den Zugang zu ihrem geräumigen Arbeitszimmer versperrt. Regale, randvoll mit Büchern, sind zu sehen, große Ölgemälde an den Wänden, Blumengestecke, ein offener Kamin und eine Schlafcouch davor. Ich stehe nur wenige Meter neben ihrem Schreibtisch, stelle mir vor, wie sie mit einem Lächeln zum Stift oder zur Feder griff, sich Notizen für ihre Bücher machte oder Pflanzpläne für ihren Garten zeichnete, nachdem sie auf die Aussichtsterrasse geeilt war, um ihr Reich von oben zu betrachten. Im Herbst 1933 notierte sie in diesem Zimmer:

„Wir pflanzen die herrlichsten Sträucher – und Sissinghurst wird eine Wucht."

Vita Sackville-West

Das Allerheiligste der Schriftstellerin Vita Sackville-West. Hier schrieb sie Briefe, Artikel und fast alle ihre 50 Bücher.

Eine Festung, zu der der Zutritt verboten war

Mit elf Jahren entwarf Vita ihre erste Ballade, später kamen Novellen, Theaterstücke, Gedichte und Romane hinzu. Sie schrieb wie eine Getriebene. War ein Text fertig, begann sie gleich mit der Arbeit an einem neuen Werk. Die Schriftstellerei war eine der Haupteinnahmequellen der Familie Nicolson. Rund 50 Romane hat sie in ihrem Leben verfasst, aber auch ein großes lyrisches Werk hinterlassen, darunter viele Gedichte über Gärten und Pflanzen. Bekannt und erfolgreich sind vor allem ihre Gesellschaftsnovelle *The Edwardians* oder ihr Werk *All Passion spent* über das Älterwerden und den Alltag einer Ehe.

Vita war als junge Frau von aristokratischer und herber Schönheit.

Bisher kenne ich nur ihre Gartenbücher. Ich nehme mir jedoch vor, einen ihrer Romane zu lesen und entdecke *All Passion spent* später daheim in einer kleinen Buchhandlung in einer einfühlsamen deutschen Übersetzung, die gut zu ihr und Sissinghurst passt.

Vita Sackville-West war nicht nur eine leidenschaftliche und intuitive, sondern auch fachlich kenntnisreiche Gärtnerin, die Gartenkolumnen für Zeitungen und Zeitschriften schrieb und eigene Gartenbücher und Pflanzenratgeber veröffentlichte. Mit dem Werk *Some Flowers* etablierte sie sich als Gartenbuchautorin, 1955 erhielt sie von der ehrenwerten *Royal Horticultural Society* für ihr umfassendes Pflanzenwissen sogar die Goldmedaille. Sie gehörte 1948 zu den Gründungsmitgliedern des Gartenkomitees des National Trust.

In dem Turmzimmer in Sissinghurst schrieb Vita den Großteil ihrer Bücher sowie unzählige Briefe an Harold, ihre Familie und Freunde. Niemand außer ihr durfte angeblich den Raum betreten. Der rosafarbene Turm war ihre Welt und ihre Festung, in die sie sich tage- und wochenlang zurückzog und verschanzte. Nur der Blick in ihren geliebten Garten durchbrach die Einsamkeit.

Als Vita 1962 starb, ließ Harold am Turm eine Gedenktafel für sie anbringen. „Hier lebte Vita Sackville-West, die diesen Garten schuf", steht darauf. Seinen eigenen Anteil an der Entstehung von Sissinghurst ließ er aus und antwortet auf Fragen stets: „Es war ihr Garten."

Gleichgeschlechtliche Liebe

In ihrem Refugium hoch über dem Garten verfasste, las und sammelte sie auch hunderte Briefe an Virginia Woolf, ihre Schriftstellerkollegin, Freundin und, zumindest zeitweise, auch Geliebte. Es waren poetische Briefe, leidenschaftliche, zweifelnde, aber ebenso amüsante Zeilen. Vita berichtete ihr vom Fortgang der Arbeiten in Sissinghurst, welche Pflanzen sie gerade pflanzte, und urteilte scharfzüngig über gesellschaftliche Ereignisse und Begegnungen. Während einer Lesereise 1933 in den USA, wo Vita wie ein Star empfangen wurde, trafen die Nicolsons mit Albert Einstein zusammen, sie dinierten mit Charlie Chaplin und Vita war bei Präsident Herbert Hoover im Weißen Haus eingeladen. Als sie an die Westküste weiterreisten, lästerte Vita bei Virginia: „Los Angeles ist die Hölle. Die Amerikaner haben das unvergleichliche Talent, alles abscheulich herzurichten." Nur Hollywood gefiel ihr, wo ein gewisser „Mr. Gary Cooper" sie herumgeführt hatte – welch illustre Vergangenheit.

Doch es waren auch Worte voller Witz und Zärtlichkeit, die die Turmherrin an ihre Freundin sandte. „Würde es Dich überraschen, wenn Du erfahren würdest, dass ich Dich wirklich sehr, sehr vermisse? Um mich zu trösten, denke ich daran, etwas mit Marlene Dietrich anzufangen", notierte Vita im Mai 1933 an die in Italien weilende Virginia.

Die beiden Frauen hatten sich Anfang der 20er-Jahre kennengelernt. Virginia war bereits 40, zehn Jahre älter als Vita. Nach ihrer ersten Begegnung bei einem Dinner Mitte Dezember 1922 schrieb Virginia Woolf anschließend in ihr Tagebuch über das Zusammentreffen mit „der schönen begabten Aristokratin Sackville-West". Die beiden Frauen waren fasziniert voneinander, Vita wohl anfangs mehr als Virginia, die erst nach ein paar Monaten Feuer fing.

← Der Turm war ihre Festung, zu der sie Tore und Türen verschließen konnte und keinen herein ließ.

Porträt einer Ehe

Vita hatte schon früh in der Verbindung mit Harold ihre eigentliche sexuelle Neigung und Liebe für Frauen entdeckt und auch Harold war dem eigenen Geschlecht zugetan. Beide hatten zeitlebens zahlreiche Affären, die sie, zumindest voreinander, nicht geheim hielten. Vor dem Gesetz war Homosexualität unter Männern zu dieser Zeit noch strafbar.

Virginia Woolf zeichnet in ihrem Roman *Orlando* ein Porträt der Freundin Vita.

Von 1918 bis 1921 unterhielt Vita bereits eine leidenschaftliche Beziehung zu der Schriftstellerin Violet Trefusis. Mit ihr flüchtete sie sogar nach Paris, das Paar verbrachte längere Zeit in Frankreich, wobei sich Vita stets als Mann verkleidete. Darauf und auch auf die Liebe zu Virginia Woolf folgten weitere lesbische Freundschaften.

Die Nicolsons gingen ihre eigenen Wege, führten das, was man heute vielleicht eine offene Beziehung nennen würde. Sie ließen den anderen zumindest in sexueller Hinsicht gewähren und konzentrierten sich in ihrer Ehe auf Gemeinsamkeiten, die Nähe, Vertrauen und eine Konstante schufen. Eine wilde Zeit, über die die Schriftstellerin ein autobiografisches Werk verfasste, das ihr Sohn Nigel Nicolson Jahrzehnte später in seinem Buch *Porträt einer Ehe* verarbeitete.

Das Paar blieb fast 50 Jahre verheiratet. Für Vita war Harold, den sie liebevoll Hadji nannte, der wichtigste Mensch, ohne den sie nicht weiterleben wollte. Und auch Harold versicherte ihr stets, „dass er sich ein Leben ohne sie nicht vorstellen könne".

Mein geliebtes Wesen

Bei ihrer Begegnung mit Vita war Virginia Woolf schon eine Schriftstellerin von internationalem Rang, doch mit sehr fragiler Psyche. Sie litt an schweren Depressionen. Virginia war zerbrechlich, sie hatte ein Bedürfnis nach Schutz, Vita dagegen war dominant und wollte beschützen. Sie bewunderte die ältere und so erfolgreiche Dichterfreundin. Virginia wiederum liebte die männliche Schönheit Vitas und ihr unbändiges Temperament. „Mein geliebtes Wesen", begann sie oftmals ihre Briefe an die Freundin in Sissinghurst; Vita antwortete mit: „Meine einzige Virginia".

Woolf veröffentlichte 1928 ihren von der Kritik hochgelobten Roman *Orlando*. Die Protagonistin darin trägt ganz klar die Züge und die Persönlichkeit von Vita. Nigel Nicolson, Vitas Sohn, bezeichnete *Orlando* später einmal als den „längsten und bezauberndsten Liebesbrief der Literatur".

Die Nicolsons und Woolfs verband auch eine geschäftliche Beziehung: Die *Hogarth Press* von Virginia und ihrem Mann Leonard verlegte Vitas und auch Harolds Werke. Zeitlebens verband die Frauen eine tiefe Freundschaft, die bis zu Virginias Suizid anhielt. Am 28. März 1941, als die Welt in den Kriegswirren versank, ertränkte sich Virginia Woolf in dem Fluss Ouse bei Rodmell nahe ihrem Wohnhaus Monks House. Der Tod der Freundin traf Vita hart. Sie machte sich Vorwürfe, weil sie glaubte, sie hätte ihn verhindern können, wenn sie früh genug von Virginias Gemütszustand erfahren hätte.

Alte Tradition und neue Wege

Troy Smith, der neue Chef, und seine Pläne für den Garten

Seit fünf Jahrzehnten der erste Mann in dieser Position

Wer als Chef durch dieses Tor gehen kann, hat es geschafft. Troy Smith will jedoch keine ausgetretenen Wege gehen.

Head Gardener Troy Smith schaut bei seinen täglichen Rundgängen durch den Garten auch immer mal wieder bei seiner deutschen Volontärin vorbei. Ich habe von Claire an diesem Tag den Auftrag erhalten, die verwelkten und arg lädierten Rosenblätter der kränkelnden 'William Shakespeare' in einem der Beete im Rosengarten abzuschneiden und aufzulesen. Anschließend bringe ich sie zum Abfallplatz, wo sie verbrannt werden sollen, damit die Krankheit nicht auf andere Rosen übergreift.

Troy erkundigt sich, ob alles in Ordnung ist und ich ausreichend mit Arbeit versorgt bin. Vielleicht will er aber auch nur sichergehen, dass Laien und Hobbygärtnerinnen wie ich keinen größeren Flurschaden in seinem Heiligtum anrichten.

Troy Smith ist seit 2013 der neue Chefgärtner – der erste Mann in Sissinghurst in dieser Position seit fünf Jahrzehnten. Vor fast 20 Jahren hat er fünf Lehrjahre als junger Gärtner hier verbracht und ist nun auf das berühmte Anwesen zurückgekehrt. Ein Ereignis, das von der nationalen Presse entsprechend gewürdigt wurde. In vielen großen Zeitungen erschienen Porträts über den neuen Head Gardener von Sissinghurst. Das Thema Garten hat in England Tradition und einen viel höheren Stellenwert als bei uns.

Troy Smith wirft einen nachdenklichen Blick in den Garten.

Die Mädchen

Dass nach über 50 Jahren mit Troy Smith wieder ein Gartenmeister die Regie übernimmt, wurde als ebensolche Sensation gehandelt wie es 1959 für Furore sorgte, als Vita Pam Schwerdt und Sibylle Kreutzberger zu ihren neuen Obergärtnerinnen machte. Dabei hatten die beiden Frauen damals eigentlich nur bei der Gartenkolumnistin Sackville-West nachfragen wollen, ob sie ein geeignetes Gelände für eine Gärtnerei kenne, die Pam und Sibylle gemeinsam eröffnen wollten. Aus den Gesprächen wurde eine Festanstellung in Sissinghurst, die bis 1991 andauern sollte.

Obwohl beide in Oxford an der hochangesehenen *Waterperry Horticultural School* gelernt hatten, sorgte ihr Arbeitsantritt in der damaligen Gartenwelt und auch bei den Sissinghurst-Besuchern für Aufsehen. Vita selbst nannte ihre Gartenmeisterinnen immer „die Mädchen", wobei sie das deutsche Wort verwendete. Sie mochte ihre Jugend und ihr gefiel, dass die beiden in Jeans arbeiteten. „Außerdem hören sie nicht auf zu arbeiten, wenn man mit ihnen spricht. Sie verschwenden keine Zeit." Vita fürchtete stets, dass sie nicht bleiben, sondern heiraten und fortgehen würden. Sie konnte ja nicht ahnen, dass „die Mädchen" ihren geliebten Garten auch noch fast 30 Jahre nach ihrem Tod weiterführen würden.

Von 1991 bis 2013 folgte Sarah Cook als Frau ganz selbstverständlich in die Position der Gartenmeisterin nach, für die Pam Schwerdt und Sibylle Kreutzberger den Weg bereitet hatten.

Der Garten der Head Gardener

Vita ließ ihren Head Gardenern freie Hand. Sie mischte sich selten in die Gestaltung ein. Zu Vitas Lebzeiten veränderten Pam Schwerdt und Sibylle Kreutzberger nur wenig an der Gestaltung der Beete und Gartenräume. Neu war, dass sie die Pflanzschule hinter dem Rosengarten anlegten.

Die Pflanzschule kam zum Garten, als „die Mädchen" Chefinnen waren. Hier werden die Pflanzen für den Garten angezogen und vor dem endgültigen Einsetzen in die Beete getestet.

In den Anfangsjahren von Sissinghurst, so erzählt ihr Nachfolger Troy Smith, war es schwer, Samen oder Pflanzen in der Robustheit, Qualität, Schönheit oder Vielfalt zu bekommen, wie Gärtner das heute gewohnt sind. Es gab keine riesigen Gartencenter, keinen international florierenden Pflanzenhandel oder Internet- und Onlinebestellungen. Das kam alles erst sehr viel später. Pflanzen mussten damals noch selbst gezogen oder in Katalogen und bei Händlern mühsam aufgestöbert werden.

Rund ein Drittel der Pflanzen, die Vita auswählte, sind heute noch im Garten vorhanden. Ein Großteil davon jedoch hat den Standort gewechselt, wurde durch bessere Sorten ersetzt. Rund Zweidrittel neue Stauden und Pflanzen sind seither dazugekommen. Der Stil von Vita, das überbordende, üppige Element, die Atmosphäre, die sie im Garten schuf, sind geblieben. Das erzählt mir Troy während eines Rundgangs durch die Pflanzschule, ein Bereich von Sissinghurst, der künftig ebenfalls Besuchern offenstehen wird. Er fügt hinzu:

> *„Die Pflanzenkompositionen, die wir heute sehen, sind jedoch die Auswahl der Head Gardener."*
>
> Troy Smith

Mehr Vita

Der neue Head Gardener will wieder „mehr Romantik, mehr Vita" nach Sissinghurst bringen. Er will den Garten wieder mehr zu seinen Ursprüngen zurückführen, aber gleichzeitig weiterentwickeln und verbessern. „Ich wäre nicht gekommen, wenn alles seinen gewohnten Gang weitergehen würde", sagt er. Er will künftig mehr mit den Pflanzungen experimentieren, sie „dynamischer und lockerer" machen. Vita liebte es, wenn sich Pflanzen wild ansiedelten, wenn ihre Zweige und Blüten sich auch über die Wege ergossen. Das natürlich wirkende, romantische Durcheinander war ihr Stil. Sie schwärmte für die Bepflanzung von Trögen, sie liebte alte Rosensorten, blaue Blumen und alle feinen, kleinen Blumen in matten Farben. Diese Motive wiederholte sie Jahr für Jahr.

Troy Smith hat viel über und von der Frau und Dichterin gelesen, die diesen Garten schuf.

Die Schriftstellerin setzte Clematis-Pflanzen nicht nur zur Zierde an Wände, sondern auch mitten ins Beet wie hier im Rosengarten.

„Vita liebte Farben und die Geschichte hinter der einzelnen Pflanze.“

Troy Smith

Es ging nicht immer rein um botanische Aspekte, obwohl sie ein großes Wissen hatte. „Sie hat tolle Gartentipps gegeben, etwa zur Clematis.“ Die will er ausprobieren. Bei seinem Vorhaben, Sissinghurst zu romantisieren, werden ihm die alten Aufzeichnungen helfen. Vita hat die Pflanzen in ihrem Garten in einem Gartenmerkbuch festgehalten und auch Harold machte beispielsweise Aufzeichnungen darüber, wie sich sein geliebter Lindengang veränderte.

Die beiden Gartenmeisterinnen Pam Schwerdt und Sibylle Kreutzberger führten geradezu penibel Buch darüber, welche Stauden und Pflanzen in den Anlagen wuchsen, woher sie kamen, wie sie sich entwickelten, welche wieder entfernt oder dezimiert wurden oder welche neuen Projekte geplant waren. Ausführlich haben sie die Arbeit im Garten noch zu Vitas Lebzeiten dokumentiert, aber auch darüber hinaus. Ihre Gartentagebücher reichen von 1959 an über mehrere Jahrzehnte.

Die Konkurrenz ist groß

Troy Smith ist einer, der die Arbeit nicht nur verteilt, sondern selbst mit anpackt. Ein rastloser Geist, der, weil er mit seiner Familie auf dem Gelände von Sissinghurst wohnt, auch schon morgens um vier oder abends um zehn Uhr noch durch den Garten streift. „Aber nicht weil ich muss, sondern weil es Spaß macht", sagt er.

Wir stehen gemeinsam in einem der langen Beete entlang der Backsteinmauern im Unteren Hofgarten, schneiden Iris und köpfen verwelkte Blüten. Troy ist ambitioniert und hat den Kopf voll neuer Ideen. Er möchte, dass der Garten abends länger geöffnet hat. Seit kurzem ist er – zumindest für Gruppen – ganzjährig zugänglich. Auch wenn die Anlage einen weltweiten Ruf genießt, ist die Konkurrenz doch groß. „Die Besucher kennen heute einfach mehr Gärten", sagt er. Da ist es schwer, einmalig zu sein.

Nach Rekorden in den 1990er-Jahren mit über 200 000 Besuchern ist der Stern Sissinghursts ein wenig gesunken. Damals mussten sogar Time Tickets für nur stundenweise Einlasszeiten vergeben werden. Derzeit kommen rund 160 000 Besucher jährlich, darunter auch viele deutsche Gäste. Heute hat der Garten täglich geöffnet, früher war er an zwei Tagen in der Woche geschlossen.

Sissinghurst, davon ist Troy überzeugt, könnte doppelt so viele Besucher vertragen. Eine Idee, die nicht alle Gärtner im Team schätzen. Sie fürchten, dass die Anlage zu sehr strapaziert wird, und sie nicht mehr genügend Zeit haben, den Garten in Ruhe zu pflegen. „Die meisten Besucher bleiben nur ein oder zwei Stunden", hält der Head Gardener dagegen.

Troy Smith will Neues bieten: „Die Besucher sollen das Gefühl haben, wiederkommen zu müssen." Er plant, eine Art Wintergarten anzulegen, kein Glashaus, sondern einen Bereich, in dem im Winter Pflanzen gedeihen und eine Attraktion für Gäste sein könnten. Auch einen griechisch-mediterranen Gartenteil, genannt Delos, lässt der Head Gardener unterhalb des Weißen Gartens nach alten Fotos wiederbeleben.

Dreiminütige Gartenseminare für Besucher

Auch die Schiefertafel am Eingang zum Garten ist neu. *Head Gardeners' Notes* steht ganz oben: Notizen des Gartenmeisters. Troy Smith hat diese Infos für die Besucher als seine persönliche Note eingeführt. Täglich berichtet er, welche Arbeiten für diesen Tag anstehen oder welche Stauden und Pflanzen heute ganz besonders schön sind.

Der Head Gardener empfiehlt auf einer Schiefertafel am Garteneingang, was an diesem Tag besonders einen Blick lohnt.

Die Interessierten erfahren so, dass der Rasen gewässert werden muss, Unkraut gezupft wird, die Nussbäume beschnitten und die Zweijährigen gerade für das nächste Jahr in der Pflanzschule herangezogen werden. Er weist auf die bezaubernd blühenden Taglilien mit Namen 'Chicago Plum', 'Stafford' oder 'Corky' im Rosengarten hin und auf 'Burning Daylight', die *Hemerocallis*, der im Bauerngarten seiner Meinung nach Aufmerksamkeit gezollt werden sollte.

Ganz am Ende der Schiefertafel steht die Neuerung, die die Besucher lieben, das Gartenteam aber – noch – fürchtet. Dreiminütige Gartenseminare, kurz Masterclass von Troy genannt oder auch *The 3 Minute Gardener*. Dreimal am Tag, mittags, nachmittags und abends, hält eine Gärtnerin oder ein Gärtner aus dem Team im Unteren Hofgarten einen Kurzvortrag zu einem bestimmten Thema.

Heute ist Joanne Jones an der Reihe und es geht um Hecken und das Schneiden von Hecken. Die blonde Waliserin, Jo oder auch JJ mit Spitznamen genannt, ist total aufgeregt. Seit mehr als elf Jahren arbeitet sie bereits in Sissinghurst, doch diese Miniworkshops machen sie irgendwie nervös. In der Mittagspause kriegt sie kaum einen Bissen runter. „Komm mit mir und hör zu", bittet sie mich. Kurz vor zwei Uhr ziehen wir los in Richtung Turm. Sie mit der elektrischen Heckenschere, ich mit dem Notizblock in der Hand. Vermutlich macht sie das jetzt nur noch nervöser.

Unter dem Trompetenbaum haben sich bereits 20 Zuhörer eingefunden. „*O god*", seufzt Joanne, atmet tief durch und strafft die Schultern. Ich klopfe ihr als Ermutigung freundlich auf die Schulter und geselle mich in den Schatten zum Publikum dazu.

Joanne macht ihre Sache gut. Die leichte Aufgeregtheit wirkt charmant, es macht die Profigärtner für Besucher menschlicher und weniger unnahbar. JJ erklärt das Gartengerät, berichtet wann und wie am besten geschnitten werden sollte, beantwortet souverän Fragen der englischen und auch ausländischen Gäste.

Kurz vor Schluss kommt dann doch noch Troy Smith dazu und bringt sie mit seiner bloßen Anwesenheit kurz aus dem Konzept. Als sich die Gruppe verstreut, kommt sie aufgeregt zu Troy und fragt scherzhaft: „*Do I still have my job?*" – „Habe ich noch meine Stelle?"

VITAS LIEBLINGE UND DIE FAVORITEN DES CHEF-GÄRTNERS

WIE MAN AUCH
DAHEIM GÄRTNERN KANN
WIE IN SISSINGHURST

Ein paar Blumen

1937, ein Jahr bevor sie ihren Garten erstmals der Öffentlichkeit zugänglich machte, veröffentlichte Vita Sackville-West *Some Flowers*, ein kleines Buch über ihre Lieblingsblumen. Darin stellte sie 25 ihrer Favoriten vor und darunter findet sich eine Auswahl an extravaganten, ungewöhnlichen Blumen, aber auch manche eher als unscheinbar erachtete Pflanze.

Ihre geliebten alten Rosen waren dabei, verschiedene Irissorten, die auffällige Kaiserkrone, die schlichte Pfingstnelke, Granatapfel, Aurikel, Tulpen und eben die Königskerze, die an den unmöglichsten Stellen im Beet und Garten auftaucht und mehr als Unkraut gilt denn als Zierde. Doch Vita ließ die Königskerze gewähren:

„Sie ist fast zu hübsch, um ausgerissen zu werden.“

Vita Sackville-West

Sie hatte eine Vorliebe für diese Wildlinge. In den Anfangsjahren von Sissinghurst gruben sie und Harold sogar massenweise Wildblumen am Weges- oder Feldrand aus, um sie in ihrem Garten wieder einzupflanzen.

Ihr Buch *Some Flowers* sollte denjenigen Anregungen geben, „die es leid waren, Jahr für Jahr das gleiche anzupflanzen wie ihre Nachbarn". Vita wollte Tipps für Besonderheiten bieten: „Goldlack, Lupinen, Rittersporn und Löwenmäulchen können wir schließlich alle ziehen." Erneut schien ihre Liebe für die niederländische Blumenmalerei durch, denn eine besondere Blume, so schrieb sie, ist für sie eine Pflanze, die „verdient, Malerblume genannt zu werden, die Maler begeistert oder zum Malen anregt".

Vita gab auch der Königskerze, die gemeinhin als Unkraut gilt, einen Platz in ihren Beeten. In den Sonnenuntergangsgarten am South Cottage passt sie perfekt.

Kein Geiz, aber auch kein Protz

Vita Sackville-West verabscheute alles Geizige, Knauserige, sie bevorzugte das Üppige. In ihrem kleinen Gartenbüchlein führte sie jedoch aus, was sie genau als das Besondere und Schöne definierte – nicht das Große, Auffällige oder Prunkvolle und nicht die Schönheit, die sich auf den ersten Blick erschließt. Bei der Auswahl ihrer Favoriten ging es nicht nur um die Farbenpracht oder Wirkung im Staudenbeet. Zu ihren Lieblingen gehörten vielmehr Blumen, „die man genau und aus großer Nähe betrachten sollte, um ihre Eigenheit und Schönheit wirklich schätzen zu können“, schrieb die Dichterin.

Die Gallicarose 'Tuscany'

Eine ihrer Lieblinge war die Gallicarose 'Tuscany', die Wappenblume des englischen Königsgeschlechts der Tudors. Ihre dunkelkarminroten, leicht nach innen kräuselnden Blütenblätter sehen aus wie aus Samt.

Die 'Tuscany'.

„Man ertrinkt nahezu in ihren sanften Tiefen, als würde man auf ein **Bett aus Rosenblättern** *sinken."*

Vita Sackville-West

Ihr Ursprung ist vielleicht orientalisch. Vermutlich schwärmte die Schriftstellerin, die mit ihrem Mann die Welt bereist hatte, auch deshalb für diese Rose. Vita riet, sie in Form zu halten, da sie zu sparrigem Wuchs neige. Nach der Blüte sollten alle schwachen Triebe entfernt und die verbleibenden im nächsten Frühjahr „auf ein halbes Dutzend Augen zusammengestutzt werden". Als Dünger empfahl sie Humus und Pottasche.

Die Königskerze

Eigentlich ein Unkraut und zuweilen eine Plage im Garten, doch Vita mochte die grauwolligen Blätter und die gelbe Blütenkerze von *Verbascum thapsus*, der Königskerze. Beeindruckt war sie von der Heilwirkung der Pflanze, die gut gegen Husten und Lungenbeschwerden helfe, aber auch bei Warzen, Zahnweh, Kopfweh oder Gicht. „Und vor dem bösen Blick soll sie auch schützen", scherzte sie. Vita kannte unzählige Geschichten über die Königskerze. Als Färbemittel für goldblondes Haar diente sie seit Römerzeiten. Wilddiebe warfen den Samen ins Wasser, um angeblich die Fische zu betäuben, und Hexen fertigten aus den Blättern Fackeln für ihren Sabbat. Den Armen dienten die samtigen Blätter als wärmende Einlage in den Schuhen.

Vita warb um Nachsicht. Es sei doch undankbar, fand sie, eine so nützliche Pflanze als Unkraut anzusehen. Ihr Tipp: Königskerzen sollten in einem abgeschlossenen Bereich gepflanzt werden, in der Nachbarschaft gedämpfter Farben und alter Rosen wie der 'Tuscany'.

Im ersten Jahr kümmere die Königskerze noch, sodass es besser sei, sie herunterzuschneiden, so Vita. Erst im zweiten Jahr kann sich der Garten auf eine hohe Blütenkerze freuen – die man allerdings mit einem Stab vor dem Wind schützen muss.

Die Pfingstnelke

Sie gilt oft als langweilig, altbacken oder Omablume. Zu Unrecht, wie Vita fand, freilich erst nachdem sie sie in dem Garten eines Bekannten gesehen hatte, der sie als zwei lange Bänder entlang eines Weges zog. „Sie war für mich in der Tat eine Offenbarung“, berichtete sie begeistert von *Dianthus caesius*, der Pfingstnelke. Nie zuvor habe sie sie in Massen gesehen, „in denen sie an einem warmen Sommerabend ihren Duft verströmten“. Sogleich kaufte sie Samen und streute ihn wie gesehen am Rande eines Gartenweges. Zwei Jahre erfreute sie sich an der Pracht, dann starben die Nelken ab. Sie gedeihen nicht lange in gewöhnlicher Gartenerde, sondern bevorzugen ein karges Leben etwa in einer Mauerritze. Wer sie dennoch als Wegesrand-Schönheiten schätzt, müsse alle zwei Jahre nachsäen, so ihr Rat.

Die Trompetenzunge

Sie bedeuten viel Aufwand, der mit einer kurzen, aber intensiven Blüte belohnt wird. Jedes Jahr nahm sich Vita vor, keine einjährigen Sommerblumen mehr anzupflanzen und dann konnte sie doch nicht widerstehen. Angetan hatte es ihr besonders die ursprünglich aus Chile stammende Trompetenzunge, *Salpiglossis*.

Ganz bezaubernd: *Salpiglossis*.

*„Bis auf **ihren Namen** gibt es nichts, was an dieser Blume nicht **bezaubernd** wäre."*

Vita Sackville-West

Die Trompetenzunge übertreffe ihre Verwandte, die Petunie, um Vielfalt und Farbenpracht. Sie sei in Purpur, Rubinrot oder Weiß und sogar in Braun mit Gold zu bekommen. Im Garten etwas unordentlich anzusehen, entfalte sie ihre wahre Schönheit als Schnittblume in der Vase. Ein Versuch wert sei die Anzucht im Winter als Topfpflanze bei 15 bis 18 Grad Celsius. Kurz vor dem Frost im Herbst ließen sich auch ein paar Exemplare des Sommers ausgraben, in Töpfe verfrachten, „und dann können Sie zusehen, wie sie weiterwachsen und im zunehmenden Alter sogar noch kräftiger werden".

Die Königslilie

Die ursprüngliche Mühsal der Entdeckung und Beschaffung einer Gartenpflanze, die heute weit verbreitet und mühelos beim Gärtner oder im Katalog zu bestellen ist, faszinierte die Schriftstellerin immer wieder aufs Neue. „Wir vergessen die Abenteuer, die Gefahren, die Belastungen, die Menschen auf sich nahmen, um uns gelegentliche Käufer ihrer Errungenschaften reich zu beschenken", schrieb sie. 1905 etwa entdeckte Ernest Wilson im westlichen China die Königslilie, *Lilium regale*, die Vita als die dankbarste aller Lilien pries und vor allem wegen ihres Reichtums weißer trichterförmiger Blüten schätzte – und wegen ihres kräftigen Duftes. Schon zwei Stile reichen aus, um einen intensiven Wohlgeruch zu erzeugen. Vita pflanzte sie an sonnigen Stellen in ihrem Garten, aber sie gediehen bei ihr auch auf der Nordseite hoher Mauern. Nur späten Frost oder einen Kälteeinbruch mögen sie nicht. Daher riet sie, Farnwedel über die Pflanzen zu legen oder sie im Schutz niedriger Sträucher, etwa Lavendel, zu ziehen.

Der Sissinghurst-Stil

Auch in meinem Garten zu Hause erklimmen die Ramblerrosen 'Bobbie James' und 'Paul's Himalayan Musk' die Zweige von Apfelbäumen und das Dach des Gewächshauses.

Abgesehen von einzelnen, besonderen Lieblingsblumen, was macht eigentlich das Typische des Sissinghurst-Stils aus? Welche Pflanzen oder welche Staudenkombinationen zählt man gemeinhin dazu oder welche besonderen Gartentechniken und Tricks? Darüber philosophierte und praktizierte Vita Sackville-West ab 1946 in wöchentlichen Gartenkolumnen und Gartenartikeln für den *Observer*.

Ein weitaus größeres Publikum als mit ihren Büchern erreichte sie mit diesen Zeitungsberichten, die im lockeren Plauderstil verfasst waren. Schon kurz nach Kriegsende waren sie und ihre Gartenratschläge und Gestaltungsideen im ganzen Land bekannt und veränderten das Aussehen englischer Gärten.

Nachdem Vita berichtet hatte, dass sie Busch- oder Strauchrosen den Hybriden Teerosen vorziehe, nahm der Absatz an Buschrosen zu. Als sie einen Garten ganz in Weiß anlegte, wurde dieser weltweit berühmt und kopiert.

Als sie schrieb, dass sie Kletter- und Ramblerrosen an den Fuß von Apfelbäumen gesetzt hatte und in die Äste ranken ließ, fand das tausendfach Nachahmer – auch bei uns in Deutschland.

Auch in meinem Garten blüht die 'Bobbie James' im Apfelbaum, obwohl ich ehrlicherweise gestehen muss, dass ich bis zu meinem Volunteer-Aufenthalt in Sissinghurst nicht wusste, dass diese Idee von Vita Sackville-West stammte. Ich hielt sie schlichtweg nur für typisch englisch.

Intuitives Gärtnern

Die Gärtnerin und Schriftstellerin pflanzte in großen Gruppen. Eine Abneigung hatte sie allerdings gegen zu große, protzige Blüten, die Riesenchrysanthemen beispielsweise bezeichnete sie als „zottige Dinger". Vita schwärmte für kleinere, filigrane Blumen.

Sie hatte eine intuitive Art zu gärtnern, sagt Sissinghursts Head Gardener Troy Smith, einen Stil, den er selbst am meisten schätzt. Smith ist ein Sohn Sissinghursts. Er hat hier seine ersten Jahre als junger Gärtner verbracht. 1971 geboren, stammt er eigentlich aus der Grafschaft Yorkshire. Bereits mit elf Jahren interessierte er sich für Gärten, obwohl oder vielleicht auch weil seine Eltern keinen eigenen besaßen. Mit 16 begann er seine Laufbahn, arbeitet in Anlagen des National Trust wie *The Courts Garden* in Wiltshire oder Bodnant in Wales. Natürliche Landschaften stimulieren ihn, erzählt er. Smith schätzt das botanische Fachwissen, ihm selbst ist aber, wie auch schon Vita, das Gefühl wichtig, „das intuitive Gärtnern".

Alles wirkt an Vitas Gestaltung natürlich und intuitiv bepflanzt.

Trägt den Namen des berühmten Gartens: Die Rose 'Sissinghurst Castle'.

Typisch für Sisinghurst sind auch folgende Ideen, die man gut in den eigenen Garten übertragen kann.

HASENOHR UND MOOSROSE

Es gibt Pflanzenkompositionen, die Vita immer wieder beschrieb und auch im Garten wiederholte, darunter ihr geliebtes Duo aus alten Rosen und graublättrigen Pflanzen. Sissinghurstlike sind etwa die Moosrose 'William Lobb', deren Blüten von Rosa nach Karminrot wechseln, die samtige 'Tuscany' oder die 'Cardinal de Richelieu'. Die Dichterin liebte dunkle Rot- und schwere Violett-Töne. Kombiniert werden sollten sie in der Rabatte mit graublättrigen Pflanzen wie dem Esels- oder Hasenohr, *Stachys lanata*, „denn das weiche Grau unterstreicht ihre stumpfen Töne noch", fand Vita. Vor ihrem geistigen Auge sah sie dafür einen Standort in einem Garten mit grauen Steinmauern. Dazu gesellen könne sich die alte Rose 'Veilchenblau' und „ein paar Büschel der karminroten Gartennelke", schlug sie vor.

'SISSINGHURST CASTLE'

Wer sich bei den Rosen ein echtes Stück Sissinghurst nach Hause holen will, der sollte die purpurrote Gallicarose 'Sissinghurst Castle' wählen. Vita fand sie 1930 zwischen Acker und alten Steinen, als sie das Anwesen kaufte. Sie kam 1947 wieder in den Handel, duftet leicht und ist sehr winterhart. Sie steht in langen Reihen am Übergang vom Unteren Hofgarten und Weißen Garten zum Obstgarten.

Über allem schwebt die Königslilie

1949 wurde die Idee für den Weißen Garten umgesetzt. Hier kombinierte Vita die Königslilie unter anderem mit Seekohl und der weißen Lichtnelke. Umrahmt von Buchshecken pflanzte sie die weiße Rose 'Iceberg' zu den hohen Stengeln des weißen, duftenden Phloxs. Ein Duo so filigran wie ein Spitzendeckchen ist das Zusammenspiel der sternförmigen Köpfchen der Strauchmargerite 'Qinta Wight' mit dem zarten Laub des Mutterkraut *Tanacetum ptarmiciflorum*.

Cutting the Iris

Vita Sackville-West schätzte die sonnenliebenden Irispflanzen, allen voran die *Iris unguicularis*, die in Gebieten mit mildem Klima schon mitten im Winter ihre Blüten zeigt. Was sie nicht mochte, war „das unordentliche Gewirr langer Blätter, das man nicht länger als nötig betrachten möchte".

Die Blätter der Iris müssen in Schach gehalten werden, findet auch Troy Smith. Er kniet auf dem Boden im Rosengarten und demonstriert, wie sie beschnitten werden sollten, wenn sie erste Anzeichen von Welke zeigen. Mit kurzen, entschlossenen Schnitten kürzt er die Blätter knapp oberhalb des Ansatzes keil- oder fächerförmig ein. So kann der Regen seitlich ablaufen und es fällt nicht so viel Wasser oder Schatten auf die Rhizome, die viel Wärme und Sonne benötigen. Aus diesem Grund sollte die Iris, wenn möglich, an einer warmen Südmauer stehen und keine höhere Pflanze direkt vor sie gesetzt werden, mahnt er.

Pegging down Roses

Rosen sind ein zentrales Element in Vitas Gartengestaltung, sagt Troy Smith. Um sie zu einem stärkeren Blütenwachstum anzuregen und zu schönem Wuchs zu erziehen, werden die Triebe so horizontal wie möglich geführt. Das machen die Gärtner in Sissinghurst auf zwei verschiedene Arten. Wenn die Rose eher pyramidenförmig im Beet die Blicke auf sich ziehen soll, schlingen und binden sie die Zweige spiralförmig um drei oder vier aufrechte Stützen in die Höhe.

Soll die Rose niedriger gehalten werden, formen sie aus den Zweigen eine Art Kuppel, die von rund gebogenen Holzstützen in Form gehalten

Vita Sackville-West liebte Rosen und auch Irispflanzen.

wird. Vor allem Haselnusszweige werden für diese Bögen verwendet, die fest in der Erde stecken müssen. Haselnuss hat den Vorteil, dass es stabil ist, leicht zu biegen und vor allem, dass die Ruten keine Wurzeln im Boden bilden.

Diese Methode für das Niederbinden der Rosen wurde in Sissinghurst perfektioniert. Extra dafür wurde etwa ein Haselwäldchen angepflanzt, um ausreichend gerade Zweige ernten zu können. Die Bögen werden jedes Jahr ausgetauscht, die aufrechten Stangen für die Hocherziehung nur, wenn sie nicht mehr standfest sind. Zumindest im milden Klima Südenglands beenden die Gärtner das Stützen und Schneiden der Rosentriebe im frühen Winter, bei Rosen mit starkem Austrieb kann das auch bereits im Herbst geschehen. Für diese Arbeiten, sagt Troy Smith, sucht er immer wieder auch Garden Volunteers, die ihm helfen.

Sissinghursts erster Chefgärtner Jack Vass führte in den 1940er-Jahren die Kuppeln aus Haselruten ein, Vita mochte sie nicht sehr. Sie schrieb, dass der Rosengarten anschließend aussah wie ein Hafen voller Fischreusen – aber das Ergebnis war überzeugend.

Staking

Das Problem kennt jeder aus dem eigenen Garten. Die Kosmeen beispielsweise blühen wunderbar, doch nach einem heftigen Regenguss liegt die Pracht platt und unordentlich danieder. In Sissinghurst ist das *Staking*, das Stützen der Stauden, eine Kunst. Auch hier werden dafür je nach Pflanze meist Haselhölzer, aber diesmal verzweigte, genutzt oder Erbsenreisige sowie geschälte Kastanienstöcke. Die Kunst ist, sie zum richtigen Zeitpunkt während des frühen Austriebes in der richtigen Höhe und Anordnung zwischen den Stängeln und zarten Trieben zu platzieren. Sie müssen tief genug im Boden stecken, damit sie ausreichend Halt geben. Neigt die Pflanze dazu, in der Mitte auseinanderzufallen, sollten auch dort die ersten Stützen gesteckt und zum Rand hin verteilt werden. Bei Kosmeen etwa müssen sie gleichmäßig über die ganze Pflanze verteilt werden.

Später im Jahr sind die Zweige von Blättern und Blüten verdeckt und kaum sichtbar. Damit die Stöckchen nicht unordentlich darüber hinausragen, sollten sie entsprechend der Wuchshöhe der Stauden eingekürzt werden oder oberhalb des Punktes, an dem sie umzukippen drohen. Bei Artemisien etwa reichen viele leichtere Zweige, Rittersporn mag verzweigte Haselreiser und Dahlien starke Hölzer. Der Vorteil gegenüber dem Anbinden etwa an Metallstäbe ist: Es sieht natürlicher aus und die Zweige sind flexibler und beweglicher, Blütentrauben brechen oberhalb des Stabs seltener ab.

Haselnusszweige stabilisieren die Kosmeen im Weißen Garten. →

VITA UND DIE VOLUNTEERS

Vom grossen Glück in fremden Gärten

Ohne die Ehrenamtlichen geht es nicht

Rund 40 Festangestellte arbeiten in Schloss und Garten. Den größten Teil der Mitarbeiter stellen jedoch Ehrenamtliche – insgesamt an die 200, die in Shop, Restaurant oder auch Turm und Wohnräumen Freiwilligendienste leisten. Im Garten selbst – dem Heiligtum – sind es dagegen gerade einmal sechs Volunteers. Freiwillige, die wie ich für Tage oder Wochen mithelfen, sind selten. Die meisten sind Einheimische, die jede Woche kommen und das meistens schon seit Jahren.

Head Gardener Troy Smith würde gerne mehr Volunteers einsetzen, um sein hauptamtliches Gärtnerteam zu unterstützen. Denn für zusätzliche Festangestellte fehlt derzeit das Geld, bedauert er. Doch die ehrenamtlichen Kräfte müssen auch angelernt werden und ins Team passen. Sie sollen nicht nur Hilfsarbeiten leisten, findet Troy. Häufig sind es Rentner oder Pflanzenliebhaber mit Teilzeitstellen, die auch die Zeit haben, sich neben Job, Familie und vielleicht eigenem Garten für Sissinghurst zu engagieren. Wie etwa der über 75-jährige Collin aus Tonbridge Wells, der früher einmal bei der *Bank of England* beschäftigt war. Er ist schon mit 55 in Rente gegangen und hatte plötzlich Zeit, die er sinnvoll verwenden wollte. Er kam eher zufällig zum National Trust und nach Sissinghurst. „Obwohl ich nicht weit entfernt wohne, war ich vorher nie hier.“ Es ist ihm fast peinlich, aber er erzählt es trotzdem mit einem charmanten Lächeln. „Das ist halt so mit den Dingen, die zeitlebens ganz nah liegen“, sagt er entschuldigend.

Inzwischen liegt das jedoch mehr als ein Jahrzehnt zurück. So lange hat Collin nun schon seine späte Liebe zu Sissinghurst entdeckt. Seine ehrenamtliche Tätigkeit begann zunächst im Shop, heute hilft er in der Gärtnerei und Pflanzenanzucht. „Die Arbeit mit den eigenen Händen, das ist viel besser als ein Bürojob, und die frische Luft hält fit“, sagt der Weißhaarige, der tatsächlich wirkt, als hätte er gerade erst das Rentenalter erreicht.

Christine Allan (links) und Viv Deeney bei der Arbeit zusammen mit Gärtnerin Claire Abery im Cottage Garden.

Der Gesellschaft verpflichtet

Christine Allan und Viv Deeney schneiden im Cottage Garden verwelkte Wickenblüten ab und sehen dabei aus, als gingen sie nicht in den Garten, sondern zu einer Teegesellschaft. Sie tragen gute Hosen und edle Strickjacken. Auch im Beet bei der Arbeit wollen die Ladies chic aussehen. Sie kommen jeden Mittwoch, das ganze Jahr hindurch, egal ob die Sonne scheint, es regnet oder, was selten geschieht, schneit. „Und das seit Jahren schon“, betont die rothaarige Christine, während sie die braunen Blätter aus dem mannshohen Rankgerüst pflückt, das in einem der hinteren Beete am South Cottage pyramidenförmig in die Höhe ragt. Sie sind Rentnerinnen und wollen der Gesellschaft durch gemeinnützige Arbeit etwas zurückgeben.

Christine formuliert es so:

> *„Man fühlt sich als* Teil des Teams *und wieder ein klein wenig zurück im Berufsleben."*

Mittwochs hierher zu kommen, bedeutet für sie Entspannung. „Dann fällt aller Stress von uns ab, den man auch als Rentner haben kann", scherzen sie. Und natürlich, betont Viv, lernt man auch für den eigenen Garten dazu.

Der Spirit von Sissinghurst

Ghilaine Day kommt an ihrem freien Tag. Sie ist Buchhändlerin im nahen Cranbrook, doch einen Tag in der Woche hat sie trotzdem für Sissinghurst reserviert. Im eigenen Garten lässt sie dafür dann „schon mal fünf gerade sein", lacht die vielbeschäftigte Mittfünfzigerin. An ihrem freien Tag steht die drahtige Frau mit dem graumelierten Kurzhaarschnitt besonders früh auf, um von 8 bis 12 Uhr in Sissinghurst auszuhelfen. Meist erledigt sie Arbeiten im Rosengarten, zupft Unkraut, kehrt, harkt, schneidet verwelkte Blüten und Blätter ab. Seit über zwölf Jahren macht sie das schon und mehrmals im Monat sitzt sie auch am Schalter am Garteneingang und kontrolliert Tickets. Vielleicht hat ihr Engagement mit ihrer Arbeit als Buchhändlerin zu tun. Ghilaine liebt Literatur. Fast alle Bücher von Vita Sackville-West und Virginia Woolf hat sie gelesen und in ihrem kleinen Laden sind sie Bestseller.

Der Turm, ein Ort der Inspiration nicht nur für Vita Sackville-West, sondern auch für Ghilaine Day.

Mit ihr zusammen arbeite ich an diesem Tag im hinteren Teil des Rosengartens. Wir sammeln Laub auf, kehren die Steinwege und schneiden Blüten. Gewissenhaft zeigt sie mir, wie ich am besten durch das Beet zu der Rankrose gelange und später meine Fußspuren mit der kleinen Harke verwische, ohne die Wurzeln der umliegenden Stauden zu beschädigen. Ghilaine gefällt der Gedanke, dem Ort, an dem Vita ihre Werke schrieb, so nah zu sein und bei seinem Erhalt zu helfen. Sie spricht vom Spirit, dem Geist Sissinghursts.

Deadheading the Roses

Ganz so euphorisch kann ich das im Moment nicht sehen, obwohl unterdessen wunderbar die Sonne scheint. Ghilaine und ich haben die Position gewechselt und stehen an einem drei Meter tiefen und bestimmt 20 Meter langen Rosenbeet an der Rückseite des Weißen Gartens. Hier blüht die dunkelpurpurfarbene Rose 'Sissinghurst Castle', das heißt, eigentlich blüht sie nach der ungewöhnlichen Hitzeperiode nun nicht mehr und deshalb stehen wir auch hier. *Deadheading the Roses* – die englische Sprache hält auch für das Gärtnern überaus knappe und präzise Worte bereit. Verblühtes abschneiden oder ausputzen würde man im Deutschen sagen, *deadheading* klingt irgendwie aggressiver und trifft eher den etwas eintönigen und zuweilen auch nervtötenden Charakter der Arbeit.

Wie viele Rosenstöcke passen eigentlich in ein so monumentales Beet? 100 oder 150? Erstmals verfluche ich Vitas verschwenderische Gartenplanung, das Meer aus hässlich welken Rosenköpfen scheint endlos. Die Kommentare der Besucher, die an Ghilaine und mir vorbeiflanieren, sind denn auch eher mitfühlender Natur: „*Big Job, well done*", klopft ein älterer Herr mir aufmunternd auf den Arm.

Du arbeitest als Volunteer in einem englischen Garten? Vor der Abreise hatte diese Ankündigung bei Freunden für eine Flut ähnlicher Angebote gesorgt, selbstverständlich in ihren Gärten. Dort hätte es vermutlich wesentlich weniger Rosenstöcke gegeben. In dieser Nacht träume ich von verwelkten Blüten.

æmmerlin
Travis Perkins

Wasserwaage, Weißer Garten und das Wochenend-Feeling

Warum Präzision nicht nur etwas für Männer ist, Blumen nicht bunt sein müssen und wie Katy zur Königin kam

Heckenschneiden ist eine ausgefeilte Kunst

Buchsbaum, Stechpalme, Eibe, Hainbuche – die Hecken sind der grüne Rahmen Sissinghursts, das architektonische Element, das die überbordende Fülle der Staudenbeete erst so richtig zur Geltung bringt, und der Kompass, der die Blicke lenkt. Ihre Abmessungen, Höhen und Proportionen müssen gehalten werden, damit der Garten nicht die Form verliert.

Als der erste Chefgärtner Jack Vass 1941 zum Kriegsdienst eingezogen wurde, mahnte er die Nicolsons deshalb, vor allem die Hecken während seiner Abwesenheit zu pflegen und zu schneiden. Sie müssen erhalten werden, alles andere könne man rekonstruieren, sagte er. Das gelang im Laufe der Jahrzehnte nicht immer. Nach der Übernahme des Gartens 1967 durch den National Trust wurde ein Großteil der Hecken erneuert oder neu aufgebaut. Das Schneiden ist daher ein regelmäßiges Muss.

Wendy Tremenheere und Helen Champion sind an diesem Tag an der Reihe. Sie haben bereits elektrische Heckenscheren, Ohrenschützer und den kleinen Generator vorbereitet, der die Maschinen auch in entlegeneren Bereichen des Gartens mit Strom versorgt. Steckdosen sind schließlich rar. Mit Schubkarre, Leiter und Gerüst ziehen die beiden Frauen los.

Die Hecke lenkt den Blick auf eine kleine Statue.

Ein Job für starke Frauen

Ich bin beeindruckt. Heckenschneiden ist in Sissinghurst nicht nur eine Arbeit für die Gärtner. Daheim fällt dieser Job stets meinem Mann zu. Er ist derjenige, der in drei Metern Höhe auf der Leiter balanciert und mit der bleischweren, monströsen Elektroschere die Eiben in Kegelform schneidet. Wir hatten leider keinen Head Gardener, der uns frühzeitig riet, die Hecken und Solitäre kleiner zu halten.

Helen Champion arbeitet mit großer Akkuratesse, aber vielleicht hat sie auch einfach nur einen Blick mit eingebauter Wasserwaage.

Die blonde, drahtige Helen ist cool. Sie lässt ihre Muskeln spielen und zeigt lachend auf ihr Namensschild: Schließlich heißt sie Champion. Für ihre Arbeit hat sie sich den hintersten Bereich im Rosengarten ausgesucht, dort, wo die kleine Statue einer leichtbekleideten Schönheit das Ende der Blickachse markiert. Die Eibenhecken rechts und links davon sind im Laufe des Sommers etwas zottelig geworden.

Doch während zu Hause einfach drauflos geschnitten wird und das Augenmaß den Ansprüchen genügt, ist hier absolute Präzision am Werk. Auch wird nicht nur einmal im Spätsommer geschnitten, sondern immer mal wieder nachmanikürt. Eine Arbeit, bei der ich lieber nur zuschaue. So akkurat würde ich das nie hinbekommen.

Mit einer Lehre, einem Gerät, das aussieht wie ein Geodreieck aus Metall, regulieren die Gärtnerinnen und Gärtner die Neigung der Hecken. Helen benutzt an diesem Morgen ein Lot, ein Bleigewicht an einer Schnur, das sie in die Hecke steckt und das ihr genau anzeigt, ob der senkrechte Schnitt exakt genug ausfällt. Sie arbeitet im Stehen und mithilfe einer kleinen Treppenleiter. Immer wieder legt sie Pausen ein, um zu kontrollieren, ob der Schnitt noch perfekt ist. Die frischen, hellen Spitzen der Eibe rieseln zu Boden. Schon nach kurzer Zeit steht die Hecke dunkelgrün und wie mit dem Lineal gezogen vor uns. Die Gärtnerin schaut zufrieden. Sie scheint einen Blick mit eingebauter Wasserwaage zu haben.

Wie viele Hecken gibt es eigentlich in Sissinghurst und wie lang sind sie? Hat das schon mal jemand gemessen? „Besser nicht“, grinst Helen. Es könnte die Motivation schwächen, wenn man genau weiß, wie viele endlose Kilometer vor einem liegen.

Standfest: Wendy Tremenheere haut beim Heckenschneiden so schnell nichts um.

Ein Haarschnitt für Hainbuchen und Rasenkanten

Wendy Tremenheere hat nur ein paar Meter entfernt Position bezogen – an der Hainbuchenhecke, die den Lindengang einfasst. Der Lindengang ist Harolds Lebenswerk, eine Achse, bepflanzt mit unzähligen Zwiebelpflanzen im Frühling und einer Spalierallee aus Holländischen Linden, die entlang des Rosen- und des Bauerngartens bis zum Nussgarten führt. Es ist der einzige Gartenteil, den ausschließlich er gestaltet und bepflanzt hat und in dem auch erst nach Harolds Tod 1968 etwas von den Gärtnern verändert wurde.

Gärtnerin Wendy hat keine wackelige Leiter aufgebaut, sondern ein Gerüst, wie es auch an jedem Haus stehen könnte. Eine Konstruktion, die einer Art Laufsteg zwischen zwei Metalltürmen ähnelt. Auf diesen paar Metern hat Wendy genug Bewegungsfreiraum. Hainbuchen schneiden ist eine schwere Arbeit, die Zweige sind sperrig und fingerdick, weshalb mehr Kraft aufgewendet werden muss. Da darf nichts kippeln.

Die Hecken in Form zu bringen, ist eine Aufgabe für die Profis und auch das Schneiden der Rasenkanten an den Baumbeeten erfordert eine pingelige Genauigkeit. Das ist Peter Fifields Domäne, der nach dem Rasenmähen mit einer speziellen Schere von Kante zu Kante und Baum zu Baum zieht, dort breitbeinig Position bezieht, und dabei fast aussieht wie ein Golfspieler beim Einlochen. Vermutlich empfindet er das als ebensolche Konzentrationsarbeit. Ich erhalte eine leichtere Beschäftigung für den Nachmittag.

Fächer schneiden

Auf Knien hocke ich vor einem Beet im Rosengarten. 'Braithwaite' und 'Peggy Chambers' steht auf den kleinen Schildchen vor meiner Nase. Irissorten, deren Blüten längst vergangen sind und deren Blätter jetzt ebenfalls schlapp machen und sich gelblich verfärben. Das sieht noch nicht hässlich, aber auch nicht mehr schön aus. Vor den Augen des Chefgärtners finden sie daher keine Gnade mehr. „Die müssen weg", erklärt Troy Smith rigoros und greift selbst zur Schere, um mir zu zeigen, wie das auszusehen hat. Einfach abschneiden geht nicht. Es muss ästhetisch aussehen, ordentlich.

Keilförmig muss der Schnitt sein, damit das ablaufende Regenwasser nicht die Rhizome zu sehr aufweicht. Das wusste ich bisher nicht, aber zum Lernen bin ich ja schließlich hier. Die nächsten Stunden tue ich nichts anderes. Das heißt, wenn ich dazu komme. Gartenbesucher sind außerordentlich neugierig und wissbegierig. Wer sich in Arbeitskleidung in Nähe der Beete blicken lässt, muss Antworten parat haben. „Why do you cut the iris", ist die Frage, die ich an diesem Tag von Dänen, Briten, Franzosen oder auch Deutschen mehrfach höre. „Vor allem aus ästhetischen Gründen" – das Pärchen, dem Dialekt nach aus dem Süddeutschen, schaut mehr als verdutzt, als sie auf ihre englische Nachfrage eine deutsche Antwort erhalten. „Die sprechen hier ja geradezu akzentfrei deutsch", raunt er kurze Zeit später seiner Frau auf dem Weg zum Cottage Garden zu.

How lovely

Ich verkneife mir ein Grinsen und fühle mich fast wie eine richtige Profigärtnerin. Was ich natürlich nicht bin, das merke ich bald an den sehr detaillierten Fragen, die gestellt werden. In der so gartenbegeisterten und pflanzenverrückten britischen Nation haben vermutlich viele der Besucher weitaus mehr Fachwissen als ich. Doch wenn ich keine Antwort weiß, nimmt das keiner krumm. Erst recht nicht, wenn ich quasi als Entschuldigung erzähle, dass ich aus Deutschland angereist bin, um in ihrem Gartenheiligtum Sissinghurst freiwillige Arbeit zu leisten. Dann sind die meisten so entzückt – „*how lovely*" – dass ich mich ranhalten muss, wie Vitas „Mädchen" beim Gespräch einfach weiterzuarbeiten.

Das Licht fällt am Abend sanft auf die Rasenflächen und Beete im Oberen Hofgarten.

Der Zeit entrückt

Die Anlage schließt um 17.30 Uhr. In der Übergangszeit vom späten Nachmittag zum frühen Abend ist die Atmosphäre im Garten so sanft wie ein guter Schluck Rotwein. Die Geräusche klingen ab, weniger Besucher durchstreifen den Garten und das Gärtnerteam bereitet sich auf den Feierabend vor. Das Licht ist weicher als morgens und Harolds Bauerngarten glüht in den von Vita beschworenen Sonnenuntergangsfarben.

Die Backsteinmauern leuchten in einem warmen Ziegelrot. Mit meiner Kamera wandere ich noch einmal durch die Gartenzimmer und bin ganz gebannt von der so friedvollen Abendstimmung. Ich beneide Vita. Wie muss es erst gewesen sein, in der blauen Stunde im Weißen Garten zu dinieren oder bei Kerzenschein durch das feuchte Gras zu laufen und auf die Laute der Nacht zu lauschen? Apropos Laute: Irgendwie ist es gerade sehr seltsam ruhig. Ich schaue auf die Uhr. Mist. Schon weit nach 18 Uhr. Die Gärtner schließen den Aufenthaltsraum ab, aber dort steht meine Tasche mit den Autoschlüsseln und dem Geld für den abendlichen Essenseinkauf.

Troy und Claire wohnen auf dem Gelände, aber wo genau? Ich spurte zurück zur Pflanzschule und stelle mir unterwegs bereits vor, wie ich die gut sechs oder sieben Meilen zu meiner Unterkunft an diesem Abend zu Fuß oder per Anhalter zurücklegen muss.

Als ich etwas außer Atem am Staff-Room ankomme, verriegelt Jon Fenton gerade die weißen Holzschlagläden. Zu meinem Glück hat auch er an diesem Abend etwas länger gebraucht als üblich. Er lacht und schließt die Tür wieder auf. Ich schnappe mir meine Tasche mit den Schlüsseln. Jetzt tut es mir fast leid. Das wäre die Gelegenheit gewesen, Sissinghurst einmal wirklich für sich allein zu haben.

Besenrein

Am nächsten Morgen begrüßt mich Jon mit einem Grinsen. „Na, gut heimgekommen?“, will er wissen. Heute ist Freitag, Reinigungstag. Und fast schon Wochenende. Die Stimmung im Staff-Room ist gelöst. Es werden Pläne für die nächsten Tage geschmiedet, Unternehmungen mit der Familie, Besuche. Freitags arbeitet das Team nur bis mittags, der Samstag und der Sonntag sind frei.

Kehraus für das Wochenende:
Ich darf im Rosengarten fegen.

Ich schwanke zwischen Enttäuschung und Freude über zwei freie Tage. Doch eigentlich muss ich zugeben, dass ein bisschen Pause von der Gartenarbeit auch gut tut. Denn so viele Stunden körperliche Arbeit am Tag und in der Woche an der frischen Luft sind ungewohnt und anstrengend für einen Büromenschen, selbst wenn ich daheim das eigene Grün mehrmals die Woche pflege. Doch ganz ohne Garten geht es auch am Wochenende nicht. Ich könnte Monks House besuchen, das Haus und den Garten von Virginia Woolf. Es liegt nicht allzu weit von Sissinghurst entfernt.

Die Gartenräume müssen an diesem Tag für den Besucheransturm am Wochenende hergerichtet werden. Jon und ich sollen die Steinwege im Rosengarten und im Unteren Hofgarten kehren. Doch vorher drückt Claire mir einen Korb in die Hand. Ich soll ihr helfen, noch ein paar Stauden auszuputzen. Das *Geranium maderensis* – einer meiner Lieblinge – an der Rückseite des Turmes muss heruntergeschnitten, die welken Köpfe der Margeriten entfernt und die unansehnlich gewordenen Disteln aus dem Beet gezogen werden. Im Cottage Garden sind auch noch verwelkte Iris einzukürzen.

Zwischendrin schimpft Claire über Besucher, die einfach rücksichtslos in die Beete steigen, wenn sie Fotos machen wollen, Blüten und Samen abzupfen oder sogar heimlich kleine Ableger nehmen oder stechen, wenn die Gärtnerinnen und Gärtner gerade mal nicht hinschauen. Die Spuren und Schäden von täglich rund 2 000 Besuchern bleiben eben nicht unsichtbar.

Azubi Jon putzt den Zugang zum Turm heraus und sammelt gewissenhaft Blüten und Dreck auf den Wegen an der seitlichen Bepflanzung im Unteren Hofgarten.

Berühmt und ein Glanzstück der Gestaltungskunst: der Weiße Garten.

Ein Garten in nur einer Farbe

Statt klobiger Schubkarren, die den Weg für die Besucher versperren könnten, nutzen die Gärtner in engen Gartenbereichen Jutedecken, die sie auf dem Boden für Unkraut, Verblühtes oder Abgeschnittenes ausbreiten, anschließend zusammenfalten und zur Karre oder gleich zum Kompost tragen. Einen solchen Sack hat sich die zarte Katy Elton auf den Rücken geladen. Sie arbeitet gerade im berühmtesten Bereich von Sissinghurst, dem Weißen Garten.

Den einzigartigen Garten am Pfarrhaus betrete ich noch immer mit großem Respekt. Es ist das Glanzstück von Vitas und Harolds Gestaltungsideen – obwohl sie sich später eigentlich immer ein wenig darüber kabbelten, wer von ihnen die Idee für den einfarbigen Garten zuerst gehabt hatte.

Katy Elton schultert den großen Jutesack mit Gartenabfällen im Weißen Garten.

1954 war schließlich ein Großteil des neuen Gartenzimmers bepflanzt und vermutlich war es wohl eine Mischung aus Vitas und Harolds Vorschlägen. Vita berichtete in ihren Zeitungskolumnen aus diesem Jahr von Stiefmütterchen, Pfingstrosen, Schwertlilien mit grauen Blättern, Zistrosen, Rittersporn, Glockenblumen, *Dianthus*, Baumpäonien, Japan-Anemonen, Hortensien und auch Pompondahlien in Weiß, die dort wuchsen. Der Mittelpunkt des Gartens, der luftige Metallpavillon, über den die weiße Rankrose *Rosa mulliganii* ihre Triebe hundertfach legt, wurde von Harold entworfen. Ganz am Anfang blühten hier jedoch einmal Mandelbäume.

Die Idee für diese einfarbige Bepflanzung wurde seither weltweit unzählige Male kopiert. Tony Lord, Gartenbaumeister und langjähriger Gartenberater des National Trust, sagt:

„Der Weiße Garten ist ein Lehrstück für die Verwendung von Blüten- und Blattformen in einem Rausch der Düfte.“

Tony Lord

Im Rausch der Düfte.

Die Idee

Im Dezember 1939 sprach Vita Sackville-West mit ihrem Mann erstmals über die Idee für eine rein weiße Bepflanzung, jedoch hatte sie dabei den abgelassenen Löwenteich im Unteren Hofgarten im Sinn. „Nur weiße Blüten, mit Tuffs von sehr hellem Rosa dazwischen. Weiße Clematis, weißer Lavendel, weiße Schmucklilien, weiße gefüllte Primeln, weiße Anemonen, weiße Kamelien und in einer Ecke Giganteum“, schrieb sie ihm. Der gerade begonnene Zweite Weltkrieg und die Angst vor einer Besetzung der Südküste Englands forcierten ihre Gartenpläne, lähmten sie aber auch gleichzeitig.

Tatsächlich umgesetzt wurde der Weiße Garten am ehemaligen Pfarrhaus erst zehn Jahre später, ab 1949. Harold belebte die Idee mit eigenen Gestaltungsvorschlägen: „Ich stelle mir Hasenöhrchen in Massen vor, einen guten Teil Eberraute und einige Heiligenblumen – der ganze Hintergrund soll überwiegend grau sein. Und dann möchte ich, dass aus diesem Dschungel Kaiserlilien aufsteigen.“ Vita fand seine Ideen „wunderhübsch“.

Katy Elton sorgt dafür, dass der Weiße Garten auch weiß bleibt.

Im Garten Ihrer Majestät

Die blonde Katy ist eine der Saisongärtnerinnen, die von Frühjahr bis Herbst beim National Trust angestellt sind. Vorsichtig schneidet sie die verblühten Köpfchen der weißen Kosmeen heraus, drückt die Haselzweige, die die Triebe stützen sollen, fest und entfernt braun gewordene Blütenrispen im Nachbarbeet. Ich helfe ihr dabei und bin vor Ehrfurcht, im Weißen Garten mit Hand anzulegen, ganz aufgeregt. Gemeinsam schleppen wir die Jutesäcke zum Kompostplatz. Ein weiter Weg, der Zeit für ein Schwätzchen bietet.

Katy, Mitte Dreißig, stammt aus der Nähe von Manchester. Im Jahr zuvor, erzählt sie, hat sie sechs Monate im Botanischen Garten in Jerusalem gearbeitet. Dort hatte sie ein Stipendium. „Eine tolle Erfahrung", sagt Katy. Bald wird eine neue, aufregende Erfahrung dazukommen. Die junge Gärtnerin tritt ihre erste feste Stelle an. Jedoch nicht irgendwo, berichtet sie mit einem verschwörerischen Lachen. Sie wird in Windsor Castle, im Privatgarten der Queen, arbeiten. Dort wird sie mit vier weiteren Gärtnern die königlichen Beete pflegen. Ich bin beeindruckt. Katy strahlt und platzt fast vor Stolz. Der Garten Ihrer Majestät ist nur einmal im Jahr für das „normale" Volk geöffnet. „Ansonsten sind da nur die Queen und ich", sagt Katy und gibt zu, schon sehr aufgeregt zu sein. Künftig wird ihre Arbeit königlichen Blicken standhalten müssen. Vielleicht könnte ich sie dort ja mal besuchen?

SMALLHYTHE PLACE

Ellen Terry
und die
kleine Schwester von
Sissinghurst

Ein Tag mit der Königin des Theaters

Königlich geht es auch nur wenige Kilometer entfernt zu – in Smallhythe Place, wo die „Königin des Theaters“ lebte. Die wenigsten Gartenbesucher wissen, dass Sissinghurst Castle and Garden in dem kleinen Örtchen Small Hythe in Tenterden eine Dependance hat. Smallhythe Place ist ein romantisches Tudor Cottage mit einem Rosengärtlein, einem Teich und verwunschenen Nuss- und Obstbaumwiesen. Es ist ein altes Farmhaus aus der ersten Hälfte des 16. Jahrhunderts mit dunklen Eichenbalken, schindelgedecktem Dach und hohen Schornsteinen aus rotem Backstein.

Verwunschen: Das Rosengärtlein des romantischen Tudor Cottage legte Ellen Terry selbst an.

Die berühmte viktorianische Schauspielerin Ellen Terry, Vitas Jugendidol, lebte auf dem verwunschenen Anwesen fast 30 Jahre lang. Ende des 19., Anfang des 20. Jahrhunderts war Ellen Terry eine international gefeierte Shakespeare-Darstellerin in der englischsprachigen Welt, ein Bühnenstar in Großbritannien, die sogar auf Tourneen bis nach Amerika reiste.

Zu Beginn der neuen Woche bin ich für einen Tag nach Smallhythe ausgeliehen, um dem italienischen Gartendesigner Daniele Altieri zu helfen, der in Teilzeit den Garten alleine beackert. Ellen Terrys Rosengarten muss dringend restauriert werden. Er ist sehr in die Jahre gekommen.

Pünktlich am Morgen stehe ich also vor dem Eingang des Gartens. Der ist an diesem Tag für die Öffentlichkeit geschlossen. Hinter dem weißen Gartentor breitet sich Frauenmantel in dichten schwefelgelben Wolken am Wegesrand aus, der Duft von Oregano liegt in der Luft und eine Kletterrose windet sich entlang der Hauswand. Auch nach etlichen Reisen durch Englands Süden war ich nie auf diesen verträumten Ort gestoßen.

Ein Traum: Frauenmantel breitet sich in schwefelgelben dichten Wolken am Eingang zum Garten aus.

Haus zu verkaufen

1890 war Ellen Terry mit ihrem Bühnenpartner Henry Irving, dem Manager des Londoner Lyceum Theatre in Covent Garden, auf einer Ausflugsfahrt durch das Marschland zwischen dem Küstenstädtchen Rye in Sussex und Tenterden in Kent. Als sie Smallhythe Place entdeckte, verliebte sie sich augenblicklich in das alte Farmhaus. Sie hielten an, Ellen Terry klopfte und bat den alten Schäfer, der dort lebte, sie sofort zu informieren, falls er jemals das Haus würde verkaufen wollen. Er versprach es. Und tatsächlich traf 1899 eine Postkarte bei der Schauspielerin ein – darauf standen nur drei Worte: *House for sale*.

Ellen Terry war 17 Jahre jung, als dieses Foto entstand.

Noch im selben Jahr kaufte Terry das Anwesen und verbrachte seither mit ihrer Familie jede freie Minute in Smallhythe Place. Sie liebte das Landleben. Den Rosengarten gleich neben dem Haupthaus legte sie nach eigenen Ideen an. Er war voller Rosen, die zu ihrer Zeit en vogue waren. 1925 kam eine besondere gelbblühende Sorte dazu: die 'Ellen-Terry-Rose', benannt nach ihr in dem Jahr, als sie vom Königshaus zur Dame Grand Cross of the British Empire geadelt wurde.

Dramen auf der Bühne und im Privatleben

Alice Ellen Terry kam 1847 in Coventry als eine von zwei Töchtern einer Schauspielerfamilie auf die Welt. Ihre Eltern, Ben und Sarah Terry, zogen mit einem Theater von Stadt zu Stadt. Ellen besuchte nie eine Schule, von ihr wurde erwartet, dass sie in die Fußstapfen der Eltern trat. Schon als Kind standen Ellen und ihre Schwester Kate auf der Bühne.

Mit 16 spielte sie eine Rolle in einer französischen Komödie im Haymarket-Theater in London und lernte dort den Maler George Frederic Watts kennen, der sie und Kate in seinem Studio malte. Gerade 17 Jahre alt heiratete Ellen 1864 den 46 Jahre alten Watts. Der ältere neurotische Maler und die schüchterne junge Frau passten überhaupt nicht zueinander. Noch innerhalb des ersten Ehejahres schickte er Ellen zu ihren Eltern zurück, ließ sich aber erst 13 Jahre später von ihr scheiden.

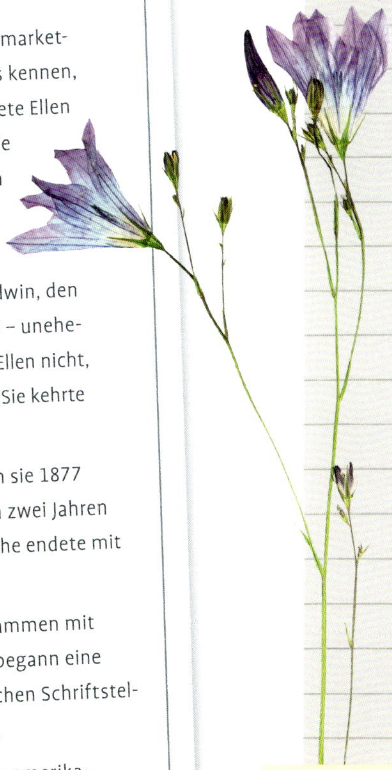

Mit 21 traf Ellen den verwitweten Architekten Edward William Godwin, den sie als die „Liebe ihres Lebens" bezeichnete, und mit dem sie zwei – uneheliche – Kinder bekam: Edith und Edward Gordon. Godwin ehelichte Ellen nicht, die Beziehung scheiterte vielmehr 1875 an finanziellen Problemen. Sie kehrte zur Bühne zurück.

Ehemann Nummer zwei wurde der Schauspieler Charles Kelly, den sie 1877 heiratete, doch auch diese Verbindung hielt nur kurz. Schon nach zwei Jahren verließ er Terry wegen einer anderen Frau. Sie trennten sich, die Ehe endete mit dem Tod Kellys 1885.

Seit 1878 spielte Ellen Terry vorwiegend Shakespeare-Rollen zusammen mit Henry Irving im Lyceum Theatre in London. Sie wurde zum Star, begann eine später berühmt gewordene Korrespondenz mit dem amerikanischen Schriftsteller George Bernhard Shaw und ging auf Tournee in Nordamerika.

1907 heiratete sie während eines USA-Aufenthaltes heimlich den amerikanischen Schauspieler James Carew. Ellen war bereits 60, ihr dritter Ehemann 32 Jahre alt – schon allein wegen des Altersunterschiedes eine schwierige Liebe. Mit ihm lebte sie einige Zeit in Smallhythe Place, während ihre Tochter Edith ins benachbarte Priest's House gezogen war. Edy konnte den jungen Ehemann ihrer Mutter nicht ausstehen. Sie überlegte sogar, eine Hecke zwischen den beiden Häusern zu pflanzen.

1909 trennten sich Ellen und James, blieben aber Freunde. Bei Terrys Tod 1928, fast 20 Jahre später, waren sie noch immer offiziell verheiratet.

Auf Knien durch die Beete

„Ellen Terry war die Julia Roberts des viktorianischen Zeitalters", schwärmt Daniele Altieri und kürzt entschlossen den schwefelgelben Frauenmantel ein, den ich gerade noch am Garteneingang bewundert hatte. Entsetzt schaue ich auf die abgeschnittenen Blüten und Blätter. Die sahen doch noch blendend aus? In meinem Garten hätte ich diese Pracht niemals so früh beendet, doch Daniele macht kurzen Prozess. „Bis zum Boden runterschneiden, dann kommen die neuen Blätter schneller", erklärt er und drückt mir Schere, Schaufel, Gabel und einen lilafarbenen Korb in die Hand. Wir legen gemeinsam los.

Schweißtreibende Arbeit, aber das Lob, eine harte Arbeiterin zu sein, entschädigt für die Rückenschmerzen.

Acht Stunden lang werden wir an diesem heißen Tag Unkraut zupfen, Stauden zurückschneiden und mit der Grabegabel Oregano ausheben, der sich zu sehr in den Beeten breit gemacht hat, bis der Schweiß in die Augen rinnt und der Rücken schmerzt. Auf Knien rutsche ich über die Erde, zupfe und ziehe widerspenstige Wurzeln heraus.

Gartendesigner Daniele Altieri gestaltet den Rosengarten von Smallhythe Place neu.

Ein weißhaariger, älterer Herr schaut vorbei. Er grüßt freundlich. Simon ist einer der Freiwilligen, die ab und zu im Garten und Haus helfen. Er ist vom Fach, in jungen Jahren hat er in Kew, in den berühmten *Royal Botanical Gardens* in London, gelernt und gearbeitet. Heute wirkt er als Pfarrer, ein verschlungener Berufsweg. Daniele stellt mich als Volunteer aus Deutschland vor, lobt mich, eine „harte Arbeiterin" zu sein. Vermutlich denken beide, dass das typisch deutsch ist.

Ein Museum im Haus und Shakespeare im Garten

Obwohl Haus und Garten an diesem Tag nicht geöffnet sind, kommen an diesem Morgen immer wieder Besucher vorbei, die enttäuscht am Eingang stehen. Daniele hat ein weiches Herz. Er lässt sie für eine kurze Stippvisite trotzdem herein.

Smallhythe Place blieb ein Ort der schönen Künste. Gerade haben die Proben für die neue Festivalsaison begonnen und eine Darstellerin übt ihren Text im historischen Kostüm.

Die meisten wollen das Museum sehen. In Smallhythe Place lebte Ellen Terry bis zu ihrem Tod im Alter von 81 Jahren. Zum Schluss saß sie im Rollstuhl, erlitt später einen Schlaganfall. Genesungswünsche erreichten sie aus aller Welt – sogar vom britischen König und der Königin. Ihr hübsches Cottage ist heute ein Erinnerungsort. Ihre Tochter Edy richtete es als Gedenkstätte für die berühmte Mutter her. Bereits 1929 öffnete es für die Öffentlichkeit. Fast alles ist dort noch wie zu Lebzeiten der Shakespeare-Interpretin eingerichtet. Ihre Zimmer sind im Original erhalten, Bühnenkostüme ausgestellt, Theaterdevotionalien ebenso zu sehen wie zahlreiche Gemälde des damaligen Stars. Doch Edith konnte das Anwesen nicht lange alleine finanzieren. 1939 gingen Haus und Garten an den National Trust. Die offizielle Feier zur Übernahme wurde jedoch abgesagt – der Zweite Weltkrieg hatte begonnen.

Im Garten steht eine geräumige Scheune aus dem 17. Jahrhundert, die Ellen Terry zu Ehren als Theater mit jährlichen Festivals genutzt wird. 1931 gründete ihre Tochter Edith die Barn Theatre Society, die Theaterscheunen-Gesellschaft, die jeden Sommer fünf oder sechs Stücke spielte. Bis zum Beginn des Zweiten Weltkrieges entwickelte sich dieser ungewöhnliche und romantische Ort zu einem Theaterzentrum. Noch heute finden dort Aufführungen statt.

Gerade sind Proben für ein Oscar-Wilde-Stück angelaufen. Damen mit Hüten so groß wie Wagenräder und ausladenden Roben aus Samt und Seide wandeln auf dem grünen Rasen, sprechen laut ihre Texte vor. Da Haus und Garten von Smallhythe Place an diesem Tag geschlossen sind, können die Schauspieler in aller Ruhe ihre Szenen auf der Bühne der dämmrigen Scheune proben. Als wir am Mittag eine Pause von der schweren Gartenarbeit einlegen, darf ich für ein paar Minuten dort Mäuschen spielen. Ich bin ganz gefangen von dieser wunderbaren Atmosphäre.

Ein Apfelgarten mit Gazebo

Daniele zeigt mir den restlichen Teil des 2,4 Hektar großen Gartens. Wir wandern vorbei am alten Tennisplatz und der Nussbaumplantage. Der Designer hat viele neue Ideen für das Anwesen. Einen der großen Bäume am Teich würde er gerne fällen lassen, weil er den Blick auf die romantisch gewachsene alte Eiche versperrt. Die Rasenwege müssten erneuert und die Obstbäume im sogenannten Orchard geschnitten und verjüngt werden. Der Gartenpavillon, Gazebo genannt, ist noch in Ordnung, der kleine Kräutergarten davor mit seinen gepflasterten Backsteinwegen aber nur ein vernachlässigtes Durcheinander.

Die Lunchpause verbringen wir anschließend in dem kleinen Raum gleich neben dem Rosengarten, in den sich die Mitarbeiter und Freiwilligen zurückziehen können. Hier gibt es die obligatorische Tasse Tee – auch der gebürtige Italiener hat diese britische Vorliebe angenommen.

Der malerische Obstgarten gehört zum verwunschenen Anwesen von Smallhythe Place.

Ein Italiener in England

Der Mittfünfziger lebt seit fast 20 Jahren in England und ist überzeugt, dass man als Gärtner eigentlich nirgendwo anders leben kann. Deshalb ist er aus der Nähe von Triest auf die Insel gekommen. Das Gärtnern und die künstlerische Ader liegen bei ihm in der Familie. Schon seine Mutter war eine fachkundige Gärtnerin, sein Vater Maler. „Ich habe von beiden viel über Schönheit und Gärten gelernt. Das hat mir bei meiner Karriere als Gartendesigner sehr geholfen", erzählt Daniele. „Vielleicht sogar mehr als so mancher Kurs, den ich besucht habe", lacht er.

Eine Skizze muss her. Nicht nur die Beete werden neu bepflanzt, auch das Wegenetz will Daniele Altieri korrigieren, weil die Maße nicht mehr stimmen.

Die Liebe zum Gärtnern kam spät. Zunächst studierte er Molekularbiologie an der Universität Triest und arbeitete später mehrere Jahre als Biologe in einem Labor. Erst mit 35 Jahren erfüllte er sich seinen Traum und sattelte auf ein Gartendesign-Studium um. Weil er mehr und schneller lernen wollte, zog er um nach England.

„Ich habe den schönsten Job der Welt."

Daniele Altieri

Seither hat er bereits in mehreren Anlagen des National Trust als Gärtner gearbeitet, wo er auch Sissinghursts Head Gardener Troy Smith kennenlernte. Mag es auch der schönste Job der Welt sein, leicht ist er nicht. Oftmals sind es zeitlich begrenzte Stellen, wie die einjährige Schwangerschaftsvertretung in Smallhythe Place. Unterdessen arbeitet der freischaffende Gartendesigner in einer privaten Gartenanlage aus dem 16. Jahrhundert. Seinen fast schon missionarischen Eifer, auch seine Landsleute für englische Gärten zu begeistern, bremst das nicht. Wo es möglich ist, wirbt er um italienische Garden Volunteers für Sissinghurst.

Neue Symmetrie

Nach der Lunchpause zückt der Gartendesigner das Maßband. Die vier Beete des Rosengartens sind im Laufe der Jahre nicht nur verwildert, sie haben auch ihre Symmetrie eingebüßt.

Wir jonglieren mit dem dünnen Band zwischen Zweigen und Dornen, während Daniele Zahlen aufschreibt und Skizzen zeichnet. Er will eine detaillierte Zeichnung und einen Pflanzplan erstellen. Viele der müde gewordenen Stauden werden aus den Beeten rausfliegen und durch neue Pflanzenkombinationen ersetzt. Nur Ellen Terrys Rosen werden bleiben.

Monate später wird er mir Fotos schicken vom Rosengarten – nach unserer gemeinsamen Renovierung. Im Frühling ist es ein Meer aus rosa Tulpen und blauem Vergissmeinnicht, im Frühsommer wogen dort der Fingerhut und die lila und weißen Kugeln des *Allium*. Stolz erfüllt mich ein bisschen beim Anblick dieser Bilder. Einen klitzekleinen Teil habe ich dazu beigetragen.

Eine große Verwandlung: Heute blühen hier im Frühling neben Ellen Terrys Rosen auch Tulpen und Vergissmeinnicht.

Daniele Altieri gibt englische Gartentipps

Eine klassische englische Gartenpraxis ist der Chelsea Chop, eine Staudenschnitt-Technik, benannt nach der berühmten *Chelsea Flower Show* Ende Mai in London. Gärtner schneiden die Pflanzen, die sie bei der weltbekannten Blumenschau nicht verkauft haben, herunter, um sie zu beleben und später in der Saison mit erneuter Blüte doch noch verkaufen zu können. Der gleiche Effekt lässt sich auch im Staudenbeet erzielen, sagt Daniele Altieri. Pflanzen, die ein wenig müde geworden sind, werden eben in der Woche der *Chelsea Flower Show* Ende Mai und Anfang Juni verjüngt, sprich reduziert oder auch ganz bis zum Boden heruntergeschnitten. Das fördert eine zweite Blüte im Sommer oder Herbst.

Ein gutes Beispiel ist die *Alchemilla mollis*, der Frauenmantel, in Smallhythe Place. „Schon drei Wochen später zeigen sich frische Blätter und manchmal sogar schon Blüten", so Daniele. Nach dem Schnitt sollte man gut wässern und auch düngen. Der Gartendesigner empfiehlt diese Technik für winterharte Geraniensorten, Katzenminze, einige *Salvia*-Arten, Sterndolden und Akelei sowie bei der Fetthenne.

Beim klassischen Chelsea Chop werden oftmals auch nur die äußeren Stängel der Pflanze eingekürzt, um Blütenreichtum und Stabilität zu fördern. So bleibt etwa beim Phlox die Mitte der Staude stehen, nur ein äußerer Ring wird geschnitten. Eine gute Wirkung erzielt man damit ebenfalls bei der Glockenblume, *Campanula lactiflora*, oder dem Sonnenhut, *Echinacea purpurea*. Wer sich das nicht zutraut, kann den Chelsea Chop auch erst einmal an ein paar vereinzelten Staudenstängeln ausprobieren.

Ein britischer Garten-Klassiker ist das Double Digging, das Umgraben der Erde zwei Spaten tief, bevor neue Stauden oder Pflanzen gesetzt werden. „Es ruiniert den Rücken, aber gibt den Pflanzen den bestmöglichen Start", findet Altieri. Er empfiehlt, die Erde in den Pflanzlöchern mit Kuhdung oder Pferdemist zu mischen.

Daniele Altieri blieb aus Liebe zu englischen Gärten auf der Insel.

Eleganter Duft

Die Lieblingspflanze des italienischen Gartendesigners ist die *Wisteria*, die Glyzinie, auch Blauregen genannt. Eine Fassadenschönheit, die nicht nur ganz typisch für seine Heimat Italien ist, sondern auch in einem typischen Cottage Garden in England nicht fehlen darf. „Eine wunderbare Kletterpflanze, die im späten Frühling einen eleganten Duft verbreitet.“ *Wisteria* ist jeden Tag schön, sie blüht im Mai, und wenn sie direkt danach beschnitten wird, auch ein zweites Mal im Juli. Im Herbst färben sich ihre Blätter in einem fantastischen gelben Butterton. „Wenn die Pflanze regelmäßig in Form gehalten wird, sind der nackte, unbelaubte Stamm und die Zweige sogar im Winter schön“, schwärmt er.

Gepflanzt werden kann die Glyzinie an der Fassade, einer Pergola oder auch an einem Zaun. Der italienische Gartendesigner kombiniert sie gerne mit den diversen Sorten der *Clematis montana*. „Sie blühen zur gleichen Zeit und ergeben ein schönes Paar“, sagt Daniele.

Da kommt doch ein wenig die Liebe zu Italien durch: Die *Wisteria* ist Danieles Lieblingspflanze.

BERÜHMTER NACHBAR

Lehrstunden in Great Dixter

Im Schneckentempo von Staude zu Staude

Geranium 'Rozanne' hat den Hang, etwas zu wuchern, „aber es ist eines der besten seiner Art", findet Kemal Mehdi. Und für den Duft der pinkfarbenen McCartney-Rose könnte der drahtige Gartendozent glatt sterben – behauptet er zumindest. *Salvia sclarea* 'Vatican White' und *Miscanthus sinensis* 'Variegatus' ergeben seiner Ansicht nach eine tolle Kombination im Staudenbeet und das mannshohe *Dierama pulcherrimum* mit seinen langen Halmen macht auch wirklich etwas her.

Salvia sclarea 'Vatican White' und *Miscanthus sinensis* 'Variegatus' sind ein schönes Paar.

Zarter Begleiter: *Erigeron annuus*, bei uns als Feinstrahl bekannt, blüht in den Beeten am Senkgarten in Great Dixter.

Wir sind in Great Dixter, dem berühmten Pflanzenreich des Gartendesigners Christopher Lloyd, nur wenige Kilometer von Sissinghurst entfernt. Seit vier Stunden schon bewegt sich die Gruppe auf dem Anwesen im Schneckentempo von Staude zu Staude, von Blüte zu Blüte und Strauch zu Strauch. Und wir sind noch lange nicht am Ende. Einige der Gartenräume haben wir noch gar nicht betreten und die eng beschriebene Liste in meiner Hand mit den botanischen Namen der Pflanzen ist zwölf Seiten lang. Wir sind auf Seite sieben.

Da sind sie also doch, die gefürchteten botanischen Namen, die hier anscheinend jeder aus dem Effeff kann – außer mir. Ich kenne gerade mal die gängigen Pflanzenbezeichnungen und fühle mich jetzt ganz klein und unwissend. Macht nichts, muntere ich mich auf. Dann eben genau hinsehen, zuhören und notfalls nachfragen. Ich zücke einen Block. Alle schreiben hier fleißig mit und machen sich Notizen zu Standort, Wuchs und Pflege.

Der Arts-and-Crafts-Garten, den Christopher Lloyd schuf, liegt nicht weit von Sissinghurst entfernt.

Great Dixter

Das Tudor-Anwesen Great Dixter liegt nur wenige Kilometer von Sissinghurst entfernt, in der Nachbargrafschaft East Sussex. Ebenso wie Vitas grüne Zimmer ist es eine Pilgerstätte für britische und europäische Gartenenthusiasten. 1910 kaufte Nathaniel Lloyd das Anwesen, das der Autor vieler Bücher, unter anderem auch über Topiary, anschließend von dem ebenfalls berühmten Architekten Edwin Lutyens restaurieren ließ. Vater Nathaniel schuf die Grundlage für den bekannten Arts-and-Crafts-Garten Great Dixter, sein Sohn Christopher Lloyd machte ihn mit seinen atmosphärischen Bepflanzungen international bekannt. Seit dem Tod des Gartendesigners und Buchautors 2006 werden Haus und Garten vom Great Dixter Trust verwaltet.

Die Teilnehmerzahl ist klein, ein ausgewähltes Publikum, fast alle selbst Gartenexperten, aber sie hängen an Kemal Mehdis Lippen. Regelmäßig lädt der Freund und frühere Mitarbeiter des verstorbenen Christopher Lloyd zu Rundgängen, einer Art Gartenklasse, nach Great Dixter ein. Dann, wenn der Garten in dem kleinen Ort Northiam in East Sussex für das normale Publikum geschlossen ist, dürfen die Teilnehmer mit Mehdi durch die berühmten Rabatte schweifen, Fragen stellen und seinen Erläuterungen lauschen.

Die Theorie für die Praxis

Kemal Mehdi inmitten seiner Gartenklasse.

Mehdis Kurs ist meist ausgebucht. Auf Vermittlung von Head Gardener Troy Smith darf ich als Volunteer aus Sissinghurst noch teilnehmen. Chefgärtner Troy Smith will seiner freiwilligen Helferin auch theoretisch etwas bieten. Kursleiter Mehdi war früher selbst Gärtner in Sissinghurst. Man kennt sich also – und auch in Great Dixter sind Gartenvolontäre üblich und jederzeit willkommen, wie mir die dafür zuständige Gartenmitarbeiterin berichtet. Die Freiwilligen können dort sogar kostenlos auf dem Gelände wohnen, in einem langgestreckten, ansehnlichen Verwaltungsgebäude unterhalb des Garteneingangs – auch eine reizvolle Option.

Die Teilnehmer von Kemal Mehdis Gartenklasse kommen von weit her – aus ganz England, aber auch Europa. So wie Vincenzo Nardi, der Napolitaner, der in Rom eine kleine Staudengärtnerei betreibt und extra für zwei Tage aus Italien angereist ist, um in Sissinghurst bei Troy Smith und in Great Dixter zu volontieren. Der englische Pflanzstil fasziniert ihn. Ein bisschen davon will er mit zurück in den Süden nehmen.

„Hier sind die Gärten wie eine Bühne."

Vincenzo Nardi

Pfauengarten & Petersilienmuster

Wir streifen durch die Gartenzimmer oberhalb des hübschen Tudor-Hauses. High Garden und Peacock Garden, Pfauengarten, hat Christopher Lloyd diese Bereiche genannt, nach den Topiary-Figuren in Vogelgestalt. Hier ist alles dichter, enger, wilder bepflanzt als in Sissinghurst, teils mit so hoch wachsenden Stauden, dass sich Besucher wie in einem fast undurchdringlichen Blütendschungel fühlen.

Lloyd war bekannt für seine ungewöhnlichen, fantasievollen Staudenkombinationen. Vor vielen Jahren war ich schon einmal hier. Ich weiß noch genau, dass mich eine der Beeteinfassungen damals ganz besonders fasziniert hat: Lloyd hatte das krause Blatt der Petersilie mit den kleinen, zarten Blüten der Lobelie durchmischt – ein meterlanges, dunkelgrün und enzianblau gesprenkeltes Band. Ich suche nach dieser reizvollen Zusammenstellung, kann sie aber nicht mehr finden.

Nach sechs Stunden endet der Rundgang. So lange hatten wir diesen verwunschenen Ort, an dem sich sonst die Besucher drängen, für uns ganz allein – ein Privileg. In meinen Kopf jedoch passt – zumindest an diesem Tag – kein einziger Pflanzenname mehr.

Die Sträucher in Great Dixter zieren verspielte Vogelgestalten während Vita Sackville-West und Harold Nicolson in Sissinghurst die Gestaltung der Hecken bewusst schlicht hielten.

GALACTITES TOMENTOSA

Abschied von Sissinghurst

Ein Eintrag für jeden Tag

Über jeden einzelnen Tag, den ich in Sissinghurst oder Smallhythe Place verbringe, führe ich Tagebuch. Es ist ein kleines schwarzes Lederbüchlein, das bequem in die hintere Hosentasche meiner Arbeitsjeans passt, zusammen mit dem kurzen Bleistift. So kann ich Heft und Stift jederzeit zücken – auch mit dreckigen Gartenhandschuhen mitten im Beet –, wenn mir etwas einfällt oder auffällt, das ich nicht vergessen will. Entsprechend strapaziert sieht es nach kurzer Zeit aus.

Gedacht ist es als eine Art Gartentagebuch, in das ich die Arbeiten eintrage, die mir Claire, Troy oder Daniele an diesem oder jenem Tag auftragen. Ich notiere die Namen der Pflanzen, die mir besonders gefallen, Gartentechniken, die ich noch nicht kannte und hier kennengelernt habe. Ich halte die Staudenkombinationen fest, die vielleicht auch etwas für meine Beete daheim sein könnten. Ich schreibe über das Hochgefühl, durch Türen im Garten und Schloss gehen zu dürfen, auf denen *Staff only* oder *Private* steht. Berichte von der Freude, weil ich in Sissinghurst mitarbeiten darf, und den Frust über mein zuweilen fehlendes botanisches Wissen. Manchmal fühle ich mich ganz klein angesichts dieses großen Gartens und der Frau, die ihn schuf. Vita Sackville-West konnte schließlich schreiben und zugleich gärtnern.

Ich versuche, die Tage im Garten, das Erlebte und die vielen spannenden Begegnungen aufzusaugen, festzuhalten und abzuspeichern, einen Vorrat an guten Erinnerungen zu sammeln für spätere, vielleicht schlechtere Zeiten. Ich bin beglückt über die kleinen, wunderbaren Geschichten, die mir Claire, Joanne, Jon, Helen, Katy aus dem Gärtnerteam oder auch Volunteer Ghilaine so freigebig von sich erzählen. Die Liebe für Gärten verbindet.

Das kleine Gartentagebuch ist mein treuer Begleiter.

Mein Lieblings-Gartenzimmer: der Bauerngarten.

Obwohl alle wissen, dass ich nicht nur leidenschaftlich gerne gärtnere, sondern später über die Zeit als Volunteer auch schreiben möchte, treffe ich weder auf die angeblich so typisch britische Zurückhaltung noch auf übertriebene Mitteilsamkeit oder Vorsicht. Von wegen *stiff upperlip*, die Steifheit, die den Engländern nachgesagt wird. Alle sind einfach nur nett und warmherzig, mein Interesse empfinden sie ganz offensichtlich nicht als störend.

Ghilaine etwa bringt mir eines Tages ein schmales Buch aus ihrem Laden mit über The Lost Gardens of Heligan in Cornwall, diesen vor Jahrzehnten versunkenen und dann wiederentdeckten Gartenschatz, weil ich ihr erzählt habe, dass ich dort nach meiner Zeit in Sissinghurst ebenfalls als freiwillige Gärtnerin arbeiten werde. Sie ist begeistert und möchte helfen.

Mit anderen aus dem Team verbringe ich Sommerabende im Garten bei einem Glas Wein oder gemeinsamem Kochen. Wir unternehmen am Wochenende zusammen Ausflüge – natürlich in andere Parks, private Anlagen oder Herrenhäuser.

Garten, Garten, Garten, in diesen Wochen gibt es kein anderes, schöneres oder entspannteres Thema auf der Welt.

Der Tod Vitas und die Übergabe an den National Trust

Vita schrieb 1930 in ihr Tagebuch, nachdem sie Sissinghurst entdeckt hatte: „Ich bin überwältigt." Das kann ich auch in mein kleines Gartentagebuch jetzt so eintragen. Je näher das Ende des Volontariats rückt, umso tiefer sinkt daher mein Herz. Hier an diesem Ort kann ich mir gut vorstellen, wie es für Vita gewesen sein muss zu fühlen, dass ihre Kräfte schwinden und sie nicht mehr wie früher in ihrem geliebten Garten arbeiten konnte.

Um ihre Gesundheit stand es schon länger nicht zum Besten. Sie hatte Rückenprobleme und bereits 1944 war bei ihr Arthritis diagnostiziert worden, die sich im Laufe der Jahre verschlimmerte. Bedrückt kommentierte sie die Krankheit mit den Worten: „Jetzt ist meine Jugend wirklich vorbei und nichts als ein verkrüppeltes Alter liegt vor mir." Hinzu kamen später Herz- und Lungenprobleme sowie eine Krebserkrankung. Als ihr Sohn Nigel sie 1954 fragte, ob sie sich vorstellen könne, ihren Garten an den National Trust zu übergeben, geriet sie aus der Fassung. „Nie, nie, nie", schrieb sie in ihr Tagebuch. „Wenn ich tot bin, kann Nigel machen, was er will, aber solange ich lebe, soll kein National Trust oder sonst wer mein Liebstes haben." Dabei engagierten sie und Harold sich bereits seit Jahren für den Trust. Vermutlich lag es an der Erfahrung mit Knole House, dass sie den Besitz von Sissinghurst zu Lebzeiten so vehement verteidigte.

Vita starb am 2. Juni 1962 in Sissinghurst. Es war ein warmer Frühsommertag. Harold pflückte im Garten ihre Lieblingsblumen und legte sie auf ihr Totenbett. Danach konnte nicht einmal der Garten ihn trösten, erinnerte sich sein Sohn Nigel. 1968 folgte Harold seiner Frau.

Nigel war Vitas Nachlassverwalter und Erbe. Ein Erbe, das sich schwierig gestaltete, die Erbschaftssteuer lastete schwer. Bereits zu Lebzeiten hatte Vita Möbel oder Schmuck verkauft, um Haus und Garten und ihren Lebensstil zu finanzieren. Um das Lebenswerk seiner Eltern zu erhalten, übergab Nigel das Anwesen 1967 an den National Trust, blieb aber dort wohnen.

Eine besondere Ehre

An meinem letzten Volunteer-Tag in Kent wird mir eine große Ehre zu teil: Ich darf nicht nur etwas herauszupfen oder abschneiden, ich darf pflanzen – etwas Bleibendes. Ich interpretiere das als eine Art Geschenk von Troy Smith zum Abschied und als Indiz, dass ich mich demnach nicht allzu dumm bei der Gartenarbeit angestellt habe.

Galactites tomentosa heißen die sieben Exemplare, für die ich Löcher aushebe. Graue, stachelige, distelige Dinger, die ich niemals in den eigenen Garten setzen würde, aber nun gut. Der Head Gardener will es so. Obwohl ich die Pflanzen nicht schön finde, blicke ich anschließend ergriffen auf das Ergebnis.

Wenn Sie demnächst mal nach Sissinghurst kommen, die sieben *Galactites tomentosa* im Unteren Hofgarten, gleich links im Beet hinter Vitas Turm, habe ich gepflanzt.

Diese sieben *Galactites tomentosa* durfte ich eigenhändig pflanzen und war mächtig stolz darauf.

DIE QUEEN DES FORM-SCHNITTS

Der Garten von Charlotte und Donald Molesworth

Bill, der Retter

Wusch. Etwas Rundes, Helles, Hartes fliegt mit ziemlicher Geschwindigkeit nur wenige Zentimeter an der Frontscheibe meines Mietwagens vorbei und landet in einer Hecke, gefolgt von einer Horde aufgeregt rufender Männer in weißer, klobiger Kluft. Kricket. Das Spiel existierte bisher nur in meiner Fantasie, als eine Skurrilität, die anglophile Zuschauer britischer Fernsehserien lieben. Doch hier, im südenglischen Benenden in der Grafschaft Kent, stehen im echten Leben an einem lauschigen Sommerabend jetzt mindestens 20 Kricketspieler nur wenige Meter entfernt und schauen mich wütend an. Offenbar stehe ich ihrer Freizeitbetätigung im Weg. Dabei ist das hier eine öffentliche Straße, die um das leuchtend grüne Rasengeviert herumführt.

Das Problem: Ich kurve schon seit einer Viertelstunde in diesem bilderbuchschönen Dorf mit seinen rotweißen Schindelhäuschen herum und suche den Weg zu meiner Unterkunft, dem Balmoral Cottage. „Es liegt etwas versteckt hinter der Kirche“, hatte Donald, mein Gastgeber, noch in der E-Mail geschrieben. Die Kirche ist da, genau vor mir, aber nirgendwo ist eine Zufahrt erkennbar. Ob ich vielleicht mal die Spieler frage? Nein, die halten mich wahrscheinlich sowieso schon für ziemlich beschränkt.

Etwas versteckt liegt das Balmoral Cottage am Rande des Örtchens Benenden, nur wenige Kilometer von Sissinghurst entfernt.

Ich entscheide mich für das Pub The Bull, das malerisch am Ende des Kricket-Green liegt. Hoffentlich treffe ich da jetzt nicht auf einen Scherzkeks, der mich nach Schottland schicken will. Balmoral heißt schließlich auch die Sommerresidenz der Queen in den Highlands. An der Theke erweist sich die junge Wirtin als überaus hilfsbereit und einfallsreich. Kurz darauf kommt sie mit Bill im Schlepptau zurück. Bill ist der örtliche Briefträger, der gerade sein Feierabendbier zischt, und meine Rettung. Er lächelt wissend: „Wo steht Ihr Auto? Ich fahre Sie hin."

Da ist er, der legendäre englische Gentleman. In Gestalt eines Postboten, der jetzt auf der Beifahrerseite meines Kleinwagens sitzt und mir den Weg weist. Der liegt tatsächlich unweit der Kirche, ist aber mehr ein mit Gras überwachsener Feldpfad, der nach wenigen Metern vor dem Tor zum Balmoral Cottage endet. Ein bisschen peinlich ist das jetzt schon. Ich biete Bill an, ihn zurückzufahren zu seinem Bier im Pub. Er winkt fröhlich ab und ist schon unterwegs.

Fantasie und Heckenschere

Charlotte und Donald Molesworth haben meine Ankunft bereits aufgeregt erwartet. Sie stehen an dem kleinen Tor, das sich quietschend öffnet und den Blick frei gibt auf eine dunkelgrüne Allee aus Buchsbaumkugeln, -säulen, -vögeln und -pyramiden, die akkurat geschnitten und mannshoch den Weg zu dem schindelgedeckten, kleinen Haus säumen. Die lindgrüne Tür mit dem Messingklopfer steht weit offen. Ich komme mir vor wie Alice im Wunderland, nur dass kein weißer Hase, sondern ein kläffender Mischlingshund namens Tig die Besucher begrüßt.

Donald, ein sanfter Riese mit Rauschebart, schnappt sich gleich meinen Koffer. Er sieht aus, als hätte er den ganzen Tag im Freien gearbeitet. Seine zierliche Frau Charlotte hat die Gartenschere noch in der Hand. Sie trägt Hut und natürlich Kleid. Es ist eines dieser zartgrünen Leinengewänder, die unsereins auf einer Gartenparty, niemals aber für die Gartenarbeit tragen würde. Dazu Schmuck, groß und modern, aus silbrigem Metall. Die weißen, langen Haare hat sie lässig hochgesteckt. Einziges Zugeständnis an mögliches Unbill der Gartenarbeit ist die Schürze, die sie sich umgebunden hat. Doch selbst die wirkt irgendwie kunstvoll.

Vor der rotbraunen Backsteinfassade ihres rustikalen Cottages sieht Charlotte Molesworth aus wie Meryl Streep bei Freiluftdreharbeiten für eine englische Literaturverfilmung.

Ich kann mein Glück kaum fassen. Bei Charlotte und Donald habe ich mich für meine Volunteer-Zeit in Kent eingemietet. Es war ein Zufallstreffer im Internet bei der Suche nach einer Unterkunft. Die Fotos und Beschreibungen hatten mich angezogen und das Self-Catering-Cottage, das das Gärtnerpaar anbot, war tatsächlich noch frei. Ich hatte auf eine schöne Unterkunft gehofft, die nur wenige Autominuten von Sissinghurst entfernt liegt, weil ich morgens nicht weit fahren wollte.

Tatsächlich treffe ich auf einen Garten, der es an Charme fast mit seinem berühmten Nachbarn aufnehmen kann und auf zwei liebenswürdige Gärtner, die mich wie ihre Tochter umsorgen. Sie geben mir jede Menge botanische Tipps und kennen auch sonst jeden im Umkreis, der gärtnerisch von Rang ist oder auch nur irgendwie mit dem Thema Garten zu tun hat.

Ein leidenschaftliches Gärtnerpaar: Charlotte und Donald Molesworth.

Buchsbaum in allen Variationen

Zielstrebig steuert Charlotte Molesworth auf die Rückseite ihres Hauses zu. In der Hand hält sie eine der japanischen Lieblingsscheren, ohne die die Designerin selten ihren Garten betritt. „Die muss ich unbedingt wieder scharf schleifen“, sagt sie, eigentlich mehr zu sich selbst, und beäugt bereits kritisch eines der Objekte, dem sie heute mit der Schere zu Leibe rücken will. Ihr Mann Donald hat schon die Leiter bereitgestellt.

'Myrtifolia', 'Hollandia', 'John Baldwin' oder auch 'Blauer Heinz' – nicht zu vergessen 'Latifolia Maculata' oder die wunderbar grün-weiß panaschierte 'Elegantissima'. Charlotte sprudelt die Namen ihrer Favoriten heraus wie andere die von Enkeln oder Neffen. Mit dem Unterschied jedoch, dass die Zahl ihrer Lieben keineswegs überschaubar ist. Zwischen 50 und 100 dürften es im Laufe dreier Jahrzehnte geworden sein, verschiedene Sorten, versteht sich. Selbst wer bei botanischen Namen nur Bahnhof versteht, der sieht schon am Eingang, worum sich alles in diesem Garten dreht: um Buchsbaum in all seinen Variationen und allen nur erdenklichen Formen.

Charlottes und Donalds Garten ist eine Mischung aus Sissinghurst und Great Dixter und ebenso schön.

Charlotte Molesworth ist in England die Queen des Formschnitts.

Als Topiary ist der kunstvolle Pflanzenschnitt bekannt und das Gärtnerpaar aus dem Südosten der Insel betreibt ihn auf seinem fast 24 000 Quadratmeter großen Grundstück in Perfektion. Buchsbaum vor allem, aber auch Eiben, Ilex oder Hainbuchen – alles formt die Gärtnerin zu Pyramiden, Kronen, Spiralen, Tier- oder Fantasiegestalten. Rund ums Haus mit seinen vielen lauschigen Sitzplätzen tummeln sich pummelige grüne Vögel auf dicken Kugeln, spreizen stolze Pfaue ihr Blattgefieder, stolzieren Hühner im Gänsemarsch oder tollen kleine Hunde aus Buchsbaum umher.

Es sind meist hohe Solitärgewächse, eingebettet in üppig und wild bepflanzte Staudenbeete. Manche Figuren sind auch als kunstvolle Details in meterlange Heckenfluchten und grüne Alleen geschnitten. Wie viele es insgesamt sind, weiß Charlotte Molesworth nicht. Gezählt hat sie sie nie. Irgendwann ist das Ganze ein bisschen aus dem Ruder gelaufen. „So viele sollten es gar nicht werden“, grinst sie. Aber so ist das mit den Leidenschaften, die lassen sich nur selten kontrollieren – bei ihr jetzt meist nur noch mit der Leiter.

Vorbild Great Dixter

Wer den Garten betritt, fühlt sich von der wogenden Gräser- und Blütenpracht und den verspielten Heckenfiguren an Great Dixter, den berühmten Garten Christopher Lloyds, erinnert. Tatsächlich liegt das Refugium des 2006 gestorbenen, bekannten englischen Gärtners und Autors nur wenige Kilometer entfernt. Charlotte kannte Christo, wie ihn Freunde riefen, persönlich und Great Dixter ist einer ihrer Favoriten. Das liegt wohl in der Familie. Schon ihre Mutter und Großmutter griffen zur Topiary-Schere.

„Ich liebe den Kontrast zwischen strengem Formschnitt und lockeren Staudenpflanzungen."

Charlotte Molesworth

In dem kleinen englischen Bilderbuchdorf Benenden mit seinen für Kent typischen weißen Holzschindelhäusern gilt das ältere Gärtnerpaar als ein bisschen verrückt und exzentrisch. Der vollbärtige Donald und die zuweilen etwas zerstreute Charlotte leben mit ihren Pflanzentieren und zwei echten Eseln, Ziegen, Hühnern und Tig, dem kleinen Mischlingshund, auf ihrem Anwesen Balmoral Cottage, das sie tatsächlich nach dem schottischen Feriensitz der Queen benannt haben. Den Eseln und Ziegen geben sie ein Alters-Asyl. „Ich muss immer alle retten", schmunzelt Charlotte.

Die Zwei sind eine Mischung aus hipp und Hippie. Donald, der vor über 65 Jahren im indischen Kalkutta als Sohn britischer Eltern zur Welt kam, ist Profigärtner. Einige Jahre arbeitete er in Australien, bevor es ihn zurück auf die Insel verschlug. Neben dem eigenen betreute er viele Jahre den Privatgarten eines Londoner Theaterregisseurs, der in Kent seine Wochenenden verbringt. Charlotte ist eigentlich Künstlerin, eine talentierte Landschaftsmalerin mit expressivem Pinselstrich. Ihre Bilder hängen überall im Cottage.

Charlotte Molesworth liebt natürliche, wogende Beetbepflanzungen und verspielte Topiary-Figuren. Ganz nach dem Vorbild von Christopher Lloyd, den sie persönlich kannte.

Früher hat sie Kunstunterricht gegeben. Den hängte sie an den Nagel, als ihr Gartendesign so viel erfolgreicher und nachgefragter wurde als die Arbeit mit Leinwand und Farbe. Heute richtet sie Hochzeiten für reiche Londoner aus oder gestaltet Privatgärten. Unter anderem reiste das Paar für einen Auftrag in die Nähe der Niagarafälle in die USA. Unlängst war ein deutsches Fernsehteam da und auch die BBC brachte zur besten Sendezeit am Freitagabend einen Beitrag über Charlotte und ihre Formschnitt-Fertigkeit. Darin plauderte sie so natürlich und unterhaltsam, als sei sie für die Kamera geboren. Im gartenverrückten England mögen das wohl hundertausende Zuschauer gesehen haben. Das Telefon im Cottage stand danach nicht mehr still.

The Potting Shed

Das Paar bietet Besuchern Führungen durch seinen Garten an und das malerische Gartenhaus, das mitten in diesem grünen Paradies steht, können – zu meinem Glück – Gartenfans und Reisende mieten. The Potting Shed war früher mal das Gerätehäuschen, in dem Gartenutensilien aufbewahrt wurden – oder Pflanztöpfe für die Sämlinge. Vor wenigen Jahren ließen Charlotte und Donald es von einer Architektin umbauen – nach den Ideen der Hausherrin. Charlottes Handschrift als Malerin und Designerin ist auch hier unverkennbar. Überdies hat sie ein Faible für natürliche, ökologische Materialien. Entstanden ist daraus eine Mischung aus grob gezimmerter Bretteroptik und luxuriösem Landhauscharme.

Vor dem Cottage stehen Blumentöpfe, hübsch auf einem antiquarischen Metalltischchen arrangiert. Das Potting Shed ist Charlottes Stolz. Ihre Augen blitzen, wenn Besucher beim Betreten des vielleicht 40 Quadratmeter kleinen Häuschens vor Entzücken nach Luft schnappen. Alles wirkt wie in einer liebevoll eingerichteten Puppenstube. Durch bodentiefe Flügelfenster flutet der Garten geradezu ins Innere herein. Weiße Holzböden und freiliegendes Gebälk zieren das Innere, die Lehmwände sind in einer Farbe wie Milchkaffee gestrichen. Wohnraum und Küche verteilen sich auf drei Ebenen.

Das Beste liegt ganz oben: Unter den Dachbalken und Schrägen steht auf einer offenen Galerie ein riesiges Doppelbett. Abends lasse ich das kleine Fenster in Bodennähe offen stehen und lausche inmitten zart cremefarbener Kissen und Decken den Geräuschen der Nacht und des Gartens.

Die Welt und die Lichter der Großstadt sind hier weit entfernt.

Das malerische Gartenhaus ist eine Mischung aus rustikaler Gartenhütte und luxuriösem Minilandhaus.

Der Himmel ist rabenschwarz, Millionen Sterne funkeln. Die letzten Grillen zirpen und schaurig schön durchdringt der heisere Schrei eines Fuchses die Stille. Hier will ich nicht mehr weg, beschließe ich.

Überall hat Charlotte Blumensträuße verteilt, gerade frisch gepflückt. Alle paar Tage versorgt sie mich auch mit frischen Kräutern und Salaten aus ihrem großen Gemüsegarten, der – sorgfältig eingezäunt und mit Netzen versehen – direkt gegenüber von meinem kleinen Häuschen liegt. Salate, Bohnen, Zucchini, Kürbisse, Beeren, Tomaten – fast alles, was sie zum Leben brauchen, zieht das Paar selbst. Hübsch anzusehen ist der bäuerliche Garten und natürlich wird alles hier ökologisch angebaut, ohne Chemie. Eier gibt es auch, die Hühner picken und gackern gleich nebenan.

Lauschige Sitzplätze überall

Sitzplätze finden sich überall im Garten und rund um das Cottage verteilt. Ein Steintisch mit Bank inmitten durchkomponierter Blumenbeete steht vor meiner Tür und es gibt sogar einen kleinen Gartenpavillon nur für mich allein. Ein Rückzugsort, um ungestört zu sein, und ein wunderbarer Platz für den morgendlichen Tee oder den Wein am Abend. Doch eigentlich ist es zu Dritt viel netter und für einen Plausch haben Charlotte und Donald immer Zeit, wenn ich abends kaputt von der stundenlangen Gartenarbeit in Sissinghurst zurückkomme. Dann fragt Charlotte nach meinem Tagwerk, welche Arbeit ich erledigen durfte, will wissen, was es von den Gärtnern und dem neuen, vielversprechenden Head Gardener Troy Smith zu berichten gibt. Sie redet gern und viel, und am liebsten eben über den Garten.

Als ich ihr von dem italienischen Designer Daniele Altieri erzähle, der in Smallhythe Place für den National Trust arbeitet, lädt sie auch ihn begeistert in ihr Refugium ein, um stundenlang zu fachsimpeln.

Die Sitzplätze finden sich vor und hinter dem Haus, wunderbar lauschige Orte für den abendlichen Wein.

Ein Besuch bei Derek

An einem Wochenende beschert Charlotte mir ein seltenes Glück. Zusammen mit einem großen Kump Brotteig verfrachtet sie mich in ihren Uralt-Kombi, in dem sie das Heu und das Futter für die Tiere transportiert und dessen Innenraum sicherlich seit Queen-Mums-Regierungszeiten keinen Staubsauger mehr gesehen hat. Fröhlich schwatzend schaukeln wir über die hügeligen, kurvigen Landstraßen Kents, vorbei an den typischen Kornspeichern mit ihren drehbaren weißen Dach-Hütchen, und durch Dörfchen, die aussehen, als wären sie extra für eine historische Filmkulisse aufgebaut. Wir sind auf dem Weg zu Derek, ihrem hochbetagten Gartenfreund, der auf einer Farm in dem kleinen Ort Ruckinge lebt.

Derek hat einen alten gusseisernen Ofen, den er extra für Charlottes Brote anheizt. Aber Derek ist auch ein leidenschaftlicher Gärtner wie sie.

Charlotte geht schon mal vor: Ihr Freund Derek wohnt in einem historischen Farmhaus, das er samt großem Bauerngarten noch selbst in Schuss hält.

Eine Küche wie aus einem alten Historienfilm: Derek und Charlotte bei den Vorbereitungen für das Backen des Brotes.

Jeden Morgen um sechs Uhr steht der fast 90-Jährige auf, arbeitet stundenlang in seinem ausgedehnten Blumen- und Gemüsegarten. Das Bauernhaus mit roter Ziegelfassade und weißen Sprossenfenstern hat mindestens 200 Jahre auf dem Buckel. Das kleine Anwesen wirkt wie aus der Zeit gefallen. Rosen und vor allem Dahlien säumen den Weg zur Haustür. Im Innern hat sich jahrzehntelang nichts verändert, allenfalls Strom und warmes Wasser mögen neu dazugekommen sein. Derek, ein kleiner Mann mit krumm gearbeitetem Rücken, hat Kuchen für uns gebacken. Seine Frau lebt schon seit vielen Jahren nicht mehr.

Stolz zeigt Derek seine handwerklichen Arbeiten. Aus Holz fertigt er trotz seines hohen Alters kunstvolle und sehr rustikale Tore, Zäune, Leitern und sogar Wäscheklammern, die ich am liebsten gleich mit heim nehmen würde. In seinem Garten steht ein Häuschen wie aus dem Märchen. Schneewittchen und ihre sieben Zwerge könnten hier wohnen.

Es ist ein Miniatur-Reetdachhaus mit kleinen Räumen, Stühlen und Betten in Kindergröße und sogar einer winzigen Küche samt Zwergengeschirr. Das Hüttchen ist bewohnbar. Derek hat es für seine Enkel gebaut. Ich bin gerührt. Einen solchen Garten und ein solches Haus kriegen Englandreisende sicher selten zu Gesicht.

Das Haus hat der Großvater für seine Enkel gebaut.

Ein unkonventionelles Gesamtkunstwerk

Am Abend sitzen Charlotte, Donald und ich an dem langen Steintisch vor ihrem Cottage bei einem Wein zusammen. Donald hat alte Fotos hervorgeholt. Verwaschene Schwarzweiß- und ausgeblichene Farbbilder, die das Gelände rund um ihr Balmoral Cottage zeigen, wie es vor über 30 Jahren ausgesehen hat. „Hier gab es fast nichts“, sagt er und deutet auf Fotos, die ihn mit Bagger und schweren Gerätschaften zeigen. Mühsam kultivierten sie das verwilderte Areal, das früher zum Garten des bekannten Botanikers Collingwood Ingram gehörte, der wegen seiner berühmten Kirschbaumzüchtungen auch Cherry genannt wurde.

Die frisch Vermählten legten einen Teich an, zahlreiche Beete, romantische kleine Sommerlauben und einen Aussichtsturm, der eigentlich keiner ist, „weil es keine Aussicht gibt“, lacht Charlotte. Um ins nahe Tal zu blicken, ist der aus dunklem Holz gezimmerte Bau nicht hoch genug: „Ich wollte nicht, dass man den Turm vom Haus aus sieht.“ Und quadratisch sollte er auch nicht sein, zum Leidwesen des Schreiners, der an Charlottes asymmetrischem Entwurf schier verzweifelte. Ihren Gaudí-Turm nennt sie ihn, benannt nach dem katalanischen Architekten Antoni Gaudí.

Das kleine Wohnhaus der beiden kuschelt sich unter eine riesige Eiche. Hier hat im vergangenen Jahrhundert der Head Gardener des ehemaligen Ingram-Anwesens gelebt. „Es war ziemlich verfallen und kaum bewohnbar“, sagt Donald. Das Paar zog trotzdem ein. Und Charlotte packte ihre Pinsel aus. Jeder Raum ist bemalt, keine Wand gleicht der anderen. Eine Symphonie aus sanften Blau-, zarten Gelb- und satten Grüntönen, mit Schwämmen betupft, Blattmustern verziert, kombiniert mit Möbeln in leuchtenden Farben und unkonventionellen Sitzgelegenheiten. Charmantes Chaos herrscht überall. Ihre Bilder bedecken sämtliche freie Flächen, selbst Regale und Schränke hat Charlotte als Leinwand benutzt. Staunend stehen Besucher vor diesem Interieur. Haus, Garten und Gärtner sind ein unkonventionelles Gesamtkunstwerk.

Damit hatte wohl auch die alte Dame nicht gerechnet, die eines Tages vor dem Gartentor stand. Sie hielt eine sepiafarbene Fotografie in Händen. Darauf war eine Familie steif aufgereiht vor einem Häuschen zu sehen, dem Balmoral Cottage. Das kleine Mädchen auf dem Foto, mit Zöpfen und Schürze über dem Kleid, war die Besucherin. „Sie war die Tochter des früheren Chefgärtners von Cherry Ingram und ist hier aufgewachsen", erzählt Donald. Wiedererkannt hätte die alte Dame ihr früheres Elternhaus und den Garten allerdings nicht. Das Foto hat heute einen Ehrenplatz in Charlottes und Donalds Album.

Am Ende meiner Volunteer-Zeit in Sissinghurst reise ich mit ein paar Tränchen im Auge bei Charlotte und Donald wieder ab. Ohne sie wären meine Gartenerlebnisse nur halb so schön gewesen. Ich nehme mir vor wiederzukommen. Weihnachten habe ich eine Karte an sie nach Benenden geschrieben und in Erinnerungen geschwelgt. Ich habe auch einen Gruß vorne auf den Briefumschlag geschrieben – an Bill, den Gentleman und freundlichen Postboten, der mir den Weg wies.

Farbenfroh und ein absolutes Unikat sind die Innenräume des Balmoral Cottage. Charlotte hat die Wände selbst bemalt.

Jahrelange Übung: Ganz fix und ohne Schablonen schneidet Charlotte Molesworth ihren Buchsbaum-Pfau zurecht.

Frisörtage

Heute ist einer dieser Frisörtage: einmal schneiden, nicht waschen. Der kleine Buchsbaum-Pfau gleich neben dem Wohnhaus ist an der Reihe. Flink stutzt Charlotte mit klappernder Schere die grünen Blättchen am Kopf, am kugeligen Bauch und dem breit gefächerten Schwanzgefieder. Schön rausgeputzt sieht der Vogel nach wenigen Minuten aus, ebenmäßig und glatt. Ganz ohne Schablonen oder Hilfsmittel, einfach nach Augenmaß. „Alles Übung", winkt Charlotte ab und setzt an zu einem ihrer unterhaltsamen Redeflüsse, mit denen sie ihre Besucher überschüllen kann.

Die Hecken und Topiary-Figuren in ihrem Garten haben alle klein angefangen. „Das waren winzige Stecklinge, die wir uns zur Hochzeit von Freunden und Familie gewünscht hatten", erinnert sich Charlotte. Drei Jahrzehnte, viel Geduld und jährlichen Schnitt hat es gebraucht, sie zur derzeitigen Größe und Gestalt zu ziehen. Manchmal, gibt sie zu, schummelt sie auch ein wenig. Dann verwendet sie Draht, um das Grün in die gewünschte Form zu biegen. „Eigentlich sollte man das nicht", sagt sie augenzwinkernd, aber Konventionen sind ihr ohnehin egal.

Gut drei Wochen braucht sie jedes Jahr, um all ihre Figuren in Form zu halten. Wann? „Ich schneide, wenn ich Zeit habe", sagt sie. Die auf dem Kontinent gefürchteten Buchsbaum-Krankheiten und das Schreckgespenst Buchsbaum-Zünsler, die ganze Gärten schon ausgelöscht haben, sind noch nicht auf die Insel bis zu Charlottes Garten vorgedrungen. Gott sei Dank, sagt sie und seufzt einmal tief.

SOUVENIRS AUS ENGLAND

Ideen aus England für den eigenen Garten

Lust & Frust im eigenen Garten

Wie kann man aus einer Gartenlegende wie Sissinghurst zurückkehren, ohne das eigene Grün daheim plötzlich nicht als dilettantisch und chaotisch zu empfinden? Bei Vita Sackville-West glichen die Staudenbeete kunstvollen Gemälden, romantisch und perfekt inszeniert, die Standorte der Pflanzen wohl überlegt, alles gedieh prächtig. Die Farben waren harmonisch aufeinander abgestimmt, die Wuchshöhe wunderbar gestaffelt – kurz, es sah einfach hinreißend aus. Und natürlich: kein Unkräutlein weit und breit, der Boden stattdessen frisch geharkt, der Rasen saftig grün und vom Gärtner manikürt.

Zurück zu Hause war der Schock entsprechend groß. Mein Gatte hatte sich zwar selbstredend auf meine Rückkehr vorbereitet und sorgsam gegossen und gemäht, doch das, nennen wir es Feintuning, fehlte. Wochenlang hatte keiner gerupft, gezupft, gestutzt oder Verblühtes entfernt. Mein Erzfeind, der Giersch, hatte sich ungeniert ausgebreitet, an den gepflasterten Sitzplätzen spross das Unkraut, während manch eine meiner von früheren Englandreisen mitgebrachten Stauden kläglich mickerte. Braune Rosenblüten hingen schlaff an den Zweigen und der Rasen war zwar schon immer eher eine Wiese, doch jetzt sah er – nach offenbar ausgiebigem Bällchenspiel der Hunde – wie ein grüner Acker aus.

Streng bewacht: Der Eingang zum Garten daheim.

Ich hätte heulen können, was ich meinem lieben Mann, der sich redlich Mühe gegeben hatte, nicht so deutlich zeigen wollte. Er guckte ohnehin bereits leicht beleidigt, weil die Lobeshymne nach seinem Geschmack nicht enthusiastisch genug ausfiel. Wild und unperfekt war der Garten schon vorher, nur fiel mir das jetzt, nach Wochen im britischen Gartenhimmel, umso mehr auf.

Ich habe eine Nacht darüber geschlafen und am nächsten Tag habe ich mich in etwas milderer Stimmung und mit der Erkenntnis ans Werk gemacht, dass ich zwar auch gerne einen Profigärtnertrupp an meiner Seite hätte, aber eben nicht habe. Und ich bin auch keine adlige Diplomatengattin mit Geld, viel Zeit und viel Talent. Aber das Glück liegt in den kleinen Dingen und eigentlich mögen wir unseren Garten so wie er ist. Doch ein paar gärtnerische Kniffe, ein paar Staudenkombinationen und Gestaltungsideen habe ich von der Insel mitgenommen und zumindest einen Hauch Sissinghurst- oder England-Flair gibt es auch in unserem Garten.

Ein kleiner Hauch Sissinghurst weht auch durch meinen Garten.

Blaue Perlen und der Duft des Südens

Dreist geklaut habe ich ein Duo aus Vitas Rosengarten, das jeder kennt, der schon mal in Sissinghurst war: die geschwungene Lutyens-Bank, die vor der Powys-Mauer steht, umrankt von einem Meer aus violett-blauen Blüten der Clematis 'Perle d'Azur'. Eine solche Bank steht auch bei uns, allerdings vor einer geraden, haushohen, nicht geschwungenen Backsteinwand wie in Kent. Den Boden haben wir gepflastert und Lutyens zauberhaftes Sitzmöbel flankieren zwei schulterhohe Amphoren, in denen meine Lieblingshortensie 'Annabelle' wächst. Drei der 'Perle d' Azur' wollte ich an die Mauer pflanzen, aber die Clematissorte ist schwer zu bekommen. Jetzt bin ich auf die zartblaue 'Prince Charles', 'Jackmanii' und 'Polish Spirit' ausgewichen und hoffe, dass sie mit dem zumeist doch recht schattigen Standort zurechtkommen.

Auch die Idee, Clematis einfach mitten in die Beete zu pflanzen und an einem Gerüst in die Höhe zu ziehen, habe ich übernommen. Vitas Gärtner wählten dafür häufig die dunkelrote 'Ville de Lyon' oder 'Victoria'. Ich habe mich für 'Ville de Lyon' entschieden.

Wenn ich mit kritischem Blick durch den Garten schweife, schwant meinem Mann bereits Unheil. Er weiß, dass dann meist neue Projekte und Arbeit auf ihn zukommen. Ich habe beschlossen, die vier Beete unseres in die Jahre gekommenen Kräutergartens zu renovieren und mich an der mediterranen Pflanzenauswahl zu orientieren, die auch im Kräutergarten in Sissinghurst wächst: Gartenthymian (*Thymus vulgaris*), Kapuzinerkresse (*Tropaeolum majus*), Purpursalbei (*Salvia officinalis* 'Purpurascens Variegata'), Koriander (*Coriandrum sativum*), Edelminze (*Mentha × gracilis* 'Variegata'), Heiligenkraut (*Santolina rosmarinifolia*) und auch den – Achtung: giftigen – Fingerhut (*Digitalis purpurea*), eine meiner Lieblingspflanzen. Vita Sackville-West hatte ihren Kräutergarten etwas separiert von den anderen Gartenzimmern angelegt, weil sie von den Gerüchen fasziniert war und den Duft der Pflanzen ungestört von anderen Eindrücken genießen wollte. Auch bei uns steht eine Bank gleich neben den Kräuterbeeten.

Zart wie der Sommer:
Erigeron annuus,
der Feinstrahl.

Bei der nächsten Auffrischung der Beete stehen ein paar Staudenkombinationen und Pflanzen vom Gartenrundgang in Great Dixter ganz oben auf meiner Liste. Ich liebe locker leichte Stauden wie das Patagonische Eisenkraut, *Verbena bonariensis*, dessen Blüten an langen Stängeln über den Beeten schweben. Daher fand ich gleich Gefallen an *Erigeron annuus*, bei uns als Feinstrahl bekannt. Es sieht aus wie ein auf Schulterhöhe geschossenes, mehrköpfiges Gänseblümchen. Genauso wild und unprätentiös ist *Ammi majus*, die große Knorpelmöhre, ein einjähriger Doldenblütler, der an Spitzendeckchen und an große wogende Wiesenfelder erinnert. In Great Dixter standen diese sehr bäuerlich urwüchsig wirkenden Pflanzen im *Barn Garden*, im Scheunengarten, wo sie wunderbar hinpassten. Nachpflanzen werde ich sicherlich den Muskateller-Salbei *Salvia sclarea* 'Vatican White' und das weißbunte Chinaschilf *Miscanthus sinensis* 'Variegatus', die im Garten von Christopher Lloyd nebeneinander ein tolles Paar abgaben. Dafür lässt sich sicher ein Platz finden.

Zünsler, Pilze und andere Katastrophen

Voller Elan kam ich aus dem Topiary-Garten von Charlotte Molesworth und aus Great Dixter zurück, wild entschlossen, auch an der einen oder anderen Buchsbaumkugel daheim die Schere anzusetzen. So ein Pfau oder vielleicht ein Hund oben auf der Kugel wären doch schön. Zwei Jahrzehnte lang haben mein Mann und ich dem Kräutergarten einen immergrünen Saum aus langen schmalen Heckenbändern und dicken runden Kugeln verpasst. Sogar ein Buchsparterre habe ich selbst entworfen und die von überall her mitgebrachten Buchsbaumstecklinge jahrelang gehegt, gepflegt, geschnitten und gedüngt. Es hat fast 20 Jahre gedauert, sie auf eine staatliche Größe zu ziehen.

Dann kam der Buchsbaumpilz, färbte die ersten Blätter hässlich dunkel, bevor sie hellbraun vertrockneten. Wild entschlossen rückten wir dem Feind mit allem zu Leibe, was die Chemie-, Natur- oder Giftküche so hergibt. Es schien zu wirken und wir atmeten auf. Zu früh, wie sich herausstellte, denn dann kam der Zünsler. Manchmal glaubte ich sein Schmatzen, dieses schabende Geräusch, schon zu hören, wenn ich den Garten betrat.

Innerhalb weniger Wochen war die jahrzehntelange Pflege der Hecken, waren Kugeln sowie Ornamente vernichtet. Fast alles wurde kahl und jegliches grünes Blättchen war abgefressen. Kein Spritzen half, kein Kraut war gegen den Schädling gewachsen. An Topiary-Figuren ist nicht mehr zu denken.

Einfach alles rausreißen, so leicht wollte ich nicht aufgeben. Ich erinnerte mich an den Rat der Sissinghurst-Gärtner: nicht zimperlich sein und schneiden. Das versuchen wir nun auch. Alle Pflanzen haben wir heruntergeschnitten, es stehen nur noch Gerippe, und anschließend haben wir ihnen eine ordentliche Ladung Dünger verpasst. Jetzt heißt es abwarten ... und vielleicht Tee trinken. Wie sagte schon Englands früherer Premier Winston Churchill: „*Keep calm and carry on*“ – ruhig bleiben und weiter machen. Vielleicht hilft das ja auch in diesem Fall.

Prächtige Buchsfiguren in Charlotte Molesworths Garten in Kent. Davon kann ich nur träumen.

GARTENSERVICE

Adressen, Öffnungszeiten und Volunteer-Möglichkeiten

Sissinghurst: Schloss und Garten liegen in Cranbrook in der Grafschaft Kent und haben ganzjährig geöffnet (in den Wintermonaten jedoch mit Einschränkungen und meist nur für Gruppen; vorher im Internet rückversichern), täglich 11–17.30 Uhr. Tickets unbedingt vorab online buchen. Der von Vita Sackville-West angelegte Garten ist weltberühmt für seine Gartenzimmer.

Freiwillige Helfer für das Schloss und den Garten oder auch Smallhythe Place melden sich beim Volunteer-Manager. Infos unter ***www.nationaltrust.org.uk/sissinghurst-castle***.

Smallhythe Place: Kleine Schwester von Sissinghurst Castle in Tenterden, geöffnet von März bis Oktober, 11–17 Uhr; montags und dienstags ist der Garten geschlossen, die Öffnungszeiten können variieren. Infos unter ***www.nationaltrust.org.uk/smallhythe-place***.

Great Dixter: Garten und mittelalterliches Herrenhaus in Northiam in East Sussex. Die Gartenanlage, die für ihre ungewöhnlichen Staudenkombinationen international bekannt ist, wurde von Christopher Lloyd erschaffen. Öffnungszeiten Ende März bis Ende Oktober, dienstags bis sonntags, 11–17 Uhr, letzter Eintritt 16 Uhr. Tickets vorab buchen. Im Internet rückversichern, da Änderungen möglich.

Volunteers sind für Tage, Wochen oder auch Monate willkommen und können in den fünf Zimmern auf dem Gelände kostenlos wohnen. Gärtnerische Kenntnisse sind nicht Voraussetzung, aber hilfreich. Weitere Informationen unter ***www.greatdixter.co.uk***.

Balmoral Cottage: Charlotte und Donald Molesworth, Balmoral Cottage, Benenden in der Grafschaft Kent, bieten Führungen durch ihren Garten an. Infos unter ***charlotte@cdmolesworth.co.uk www.thepottingshedholidaylet.com***.

Zum Weiterlesen

L. DeSalvo / M. A. Leaska (1995): **Geliebtes Wesen. Briefe von Vita Sackville-West an Virginia Woolf.** S. Fischer Verlag, Frankfurt am Main.

V. Glendinning (1997): **Vita Sackville-West: Eine Biografie.** Limitierte Sonderausgabe. Fischer Taschenbuch Verlag, Frankfurt am Main.

C. Lanfranconi / S. Frank (2013): **Die Damen mit dem grünen Daumen: Berühmte Gärtnerinnen.** Insel Verlag, Berlin.

T. Lord (1996): **Sissinghurst. Einer der schönsten Gärten Englands.** Dumont Buchverlag, Köln.

V. Sackville-West (1997): **Blumen in meinem Garten.** Ullstein Buchverlage, Berlin. (Das englische Original *Some Flowers* stammt von 1937; 1996 erschien es zudem bei Pavilion Books Limited, London.)

V. Sackville-West (2015): **Unerwartete Leidenschaft.** Klaus Wagenbach Verlag, Berlin.

Über die Autorin

Astrid Ludwig ist leidenschaftliche Gärtnerin und Englandfan. Als „Volunteer" hat sie in Sissinghurst und anderen legendären Gärten auf der britischen Insel gearbeitet. Wenn sie nicht gerade in ihren Staudenbeeten pflanzt oder am und im Wasser Unkraut zupft, ist sie als freiberufliche Wissenschaftsjournalistin und Autorin in Frankfurt und im Rhein-Main-Gebiet unterwegs.

Bildnachweise

Altieri, Daniele: Seite 103.

CoffeeChocolates/Shutterstock.com: Seite 43, 49.

Getty Images/Hulton Archive: Seite 16.

Koollapan/Shutterstock.com: Seite 67 li., 139 re.

Ludwig, Astrid: Seite 62, 96 re., 112, 116/117, 118, 120, 121 li., 122, 125, 126, 127 li., 127 re., 128, 129, 131, 134, 135, 137, 138/139.

Ludwig, Astrid mit freundlicher Genehmigung von The Great Dixter Charitable Trust: Seite 104/105, 106 li., 106 re., 107, 108, 109.

© National Trust / Astrid Ludwig: Titelfoto (groß), Seite 2, 6/7, 8, 10, 11 li., 11 re., 12, 13, 14/15, 18, 19, 20, 21, 22, 25, 26/27, (28), 29, 30 li., 30 re., 31, 32, 35, 36/37, 38, 40, 44/45, 46, 47, 48, 50, 52, 54/55, 56/57, 64, 69 li., 70/71, 73,(74), 76/77, 79, 80, 81, 83, 84, 85, 86, 87, 88, 89, 90/91, 92, 93, 96 li.97, 99, 100, 101, 102, 110/111, 113, 115, 132/133.

mauritius images: Titelfoto (s/w Porträt), Seite (39), 42, 94.

Rosenhof Schultheis: Seite 58, 65.

Steffen Hauser/botanikfoto: Seite 60.

svrid79/Shutterstock.com: Seite 17, 63, 95, 98.

TopFoto/Keystone: Seite 24, 67 re.

worker/Shutterstock.com: Seite 121 re.

Illustrationen: Antje Warnecke

Impressum

Gärten und ihre Gärtnerteams unterliegen einem steten Wandel. Die Schilderungen der Autorin sind Momentaufnahmen während der Zeit ihres Aufenthaltes. Die in diesem Buch enthaltenen Empfehlungen und Angaben sind von der Autorin mit größter Sorgfalt zusammengestellt und geprüft worden. Eine Garantie für die Richtigkeit der Angaben kann aber nicht gegeben werden. Autorin und Verlag übernehmen keinerlei Haftung für Schäden und Unfälle.

Bibliografische Information der Deutschen Nationalbibliothek
Die Deutsche Nationalbibliothek verzeichnet diese Publikation in der Deutschen Nationalbibliografie; detaillierte bibliografische Daten sind im Internet über http://dnb.d-nb.de abrufbar.

Wollgrasweg 41, 70599 Stuttgart (Hohenheim)
E-Mail: info@ulmer.de
Internet: www.ulmer-verlag.de

Lektorat: Alessandra Kreibaum, Helen Haas
Herstellung: Martina Gronau
Umschlagentwurf, Layout und Satz: Antje Warnecke, nordendesign.de
Reproduktion: timeRay Visualisierungen, Herrenberg
Druck und Bindung: Pustet, Regensburg
Printed in Germany

ISBN 978-3-8186-1316-7

HIER KÖNNEN SIE WEITERLESEN

Kommen Sie mit auf einen Spaziergang durch einen der schönsten Gärten Deutschlands! Der Schau- und Sichtungsgarten Hermannshof arbeitet wissenschaftlich und experimentell an der Entwicklung einer modernen Pflanzenverwendung. In der Natur vorkommende Pflanzengesellschaften dienen dabei als Vorbild für Pflanzenbilder mit natürlichem Charakter und hohem ästhetischem Anspruch. Das milde Weinbauklima ermöglicht die Kultur einer großen Pflanzenvielfalt mit über 2500 Staudenarten und -sorten.

Schau- und Sichtungsgarten Hermannshof.
C. Schmidt. 2., aktualisierte Auflage 2018. 96 S., 80 Farbfotos, Flexcover. ISBN 978-3-8186-0337-3.

Wer kennt Sie nicht, die große, englische Gartenlady Beth Chatto? Ihr Leben lang gärtnerte sie nach dem Motto „The right plant in the right place". Wer war sie? Einblicke in ihr erfülltes (Garten-)Leben und ihr einzigartiges Pflanzenwissen gibt diese Biografie. Bisher unveröffentlichte Aufnahmen aus dem Leben von Beth Chatto vermitteln eindrücklich ihre Verdienste um das standortgerechte Pflanzen und Gestalten von Gärten. Ihr berühmter Kiesgarten dient(e) unzähligen Gärtnergenerationen als Inspiration.

Beth Chatto. Mein Leben für den Garten.
C. Horwood. 2019. 288 S., 64 Farbfotos, 46 sw-Fotos, geb. ISBN 978-3-8186-0826-2.